# 盛唐美學課

## 七種主題，教你做個唐朝文化人

蒲實、丘濂 編著

# 目次

# 前言

## 城市、女性、詩歌、胡風

在撒馬爾罕的康國故城阿夫拉西阿卜（Afrasiab），我看到三幅壁畫。它們已斑駁得有些模糊不清，卻與敦煌壁畫的色彩和筆觸遙相呼應。

第一幅畫中的人身著唐裝，頭戴唐初盛行的襆頭，身著窄袖長身袍，繫腰帶，垂鞶囊，佩長刀，有人手托三疊，有人手托絲，顯然是一幅獻禮圖。第二幅是唐裝仕女的泛舟圖，一艘鳳舟上有幾名女子，髮髻高聳，一位貴婦正被五名貴婦簇圍著。第三幅則是唐裝騎士的獵獸圖。

那時我剛乘了好多天火車與汽車，穿越了時而壯美、時而荒涼的中國新疆、哈薩克斯坦和烏茲別克斯坦，在撒馬爾罕郊外那處鮮有人至的遺跡處，與七世紀的唐朝相遇了。唐朝的文物制度曾傳播到中亞腹地的深處，還北逾大漠，南暨交趾，東至日本，是中古極盛之世。

唐朝盛世的氣質可以用很多詞語來形容。它的疆域遼闊壯美，它的詩浪漫奔放，它的心態自信雍容。當在陝西歷史博物館看到英姿颯爽的胡服女騎俑，在新疆博物館看到阿斯塔納墓出土的活潑飛揚的兒童圖時，我感受到了這個朝代湧動著的健壯生命力。除了馬球壁畫，武惠妃棺槨上的一幅馴獸圖，則向我展示了唐人驍勇善戰的男性氣概：很可能來自異域、蓄著長鬍子的馴獸師正在赤手與形如雄獅的巨獸搏鬥。這樣的圖景，我曾在帝國版圖蔚為遼闊的波斯帝國（今伊朗）首都波斯波利斯的浮雕上看到過，它象徵著帝國征服者強大的軍事力量和勇猛豪邁的氣魄。

在這個世界性的國家裡，唐人如何看待自己與他者、本土與異域？一個唐人身處何種世界觀念和時代精神中？形成他們開放包容心態的源頭又何在？陳寅恪在《唐代政治史述論稿》中引用朱元晦語「唐源流出於夷狄」，並指出種族與文化二問題，實李唐一代史事關鍵之所在。

唐與隋的皇室實出同一個政治集團，統治基礎相似，繼承了鮮卑游牧民族的傳統，融合了五至六世紀統治華北邊境的「蠻夷」文化。這一血統和文化上的起源，幾乎決定性地影響了唐人的世界觀。

與正統的儒家天下觀並不完全相同，以唐太宗為代表的唐朝皇帝提倡包容性，認為所有民族最終都將納入中國，他們的帝國理想既包括中國人，也包括游牧民族，異域外來者也可以融合，是一個多民族的統一國家，也是一個多民族的移民國家。

唐人在文化觀上是漢民族的文化觀，以天朝上國而自居，驕傲於自己的典章制度和華浮文采，但對外來文化從來不排斥和抵觸，奉行拿來主義，兼收並蓄。借鑒自中亞的金銀器製作技術就是在這個時期突飛猛進發展的。在這個儒家文化還沒有全面滲透人們精神生活的「歷史縫隙」裡，唐朝人沒有太多的思想束縛，也許正因如此，唐的文學才如此快意恩仇，唐的精神氣質才如此奔放飛揚。

唐以它的自信放開懷抱迎接各國使者，胡商、遣唐使和留學僧紛紛來到長安，在鴻臚寺、國子監和西市留下足跡，胡風唐韻融為一體。長安不僅是商業樞紐和物質匯聚之地，也是達官貴人、才子佳人生活的空間。那時的文人，無論見面、分別、宴會、遊邊、隱居，都要寫詩。作為一個開疆拓土的擴張性國家，唐朝很多詩人投筆從戎，寫下許多邊塞詩。

唐長安也是「信仰之都」。波斯的商人帶來景教、祆教和摩尼教，從印度、中亞而來的佛教僧侶，把到達長安視為登上傳法事業的頂峰，而來自東瀛和新羅的學問僧們，又把長安的佛學傳播到日本列島和朝鮮半島上。唐的出使者玄奘、鑒真和義淨，則在他們留學、傳教和翻譯著書的活動中，扮演了大唐黃金時代「知識分子」的角色。

隋唐時期，中國的經濟中心已經開始南移，不僅是運河，帝國的道路網絡也從北方邊疆擴展到南方，把帝國的西南和東南沿海部分連接起來，番禺、揚州、益州都是富庶繁華的城市。

唐朝也是一個「她世紀」，女性擺脫了禮教的羈絆，獲得了許多自由，也出現了武則天這樣的女性人物。在唐朝建立一千四百年之後的今天，我們再次進入世界性的唐帝國，從城市、宗教、詩歌傳奇、出使者、外來者和女性等多重視角，來領略它的盛世風華，以夢回大唐。

唐與世界

# 世界的唐*

唐朝是一個多民族混合的移民國家，也是一個多民族的統一國家。盛唐留給後人的想像，是壯美、浪漫、豪放和充滿活力的。這種氣質的造就，源於一個統一帝國的建立，也源於唐人世界主義、兼收並蓄的包容氣度。

*本文由蒲實主筆。

## 國際都會

在西安大明宮遺址，唐朝昔日的輝煌只能通過遺址遼闊的尺度和斷壁殘垣來想像了。我從復原的正南門丹鳳門進入，它隔著開闊的御道廣場正對著北面的大明宮主殿含元殿。就在這個丹鳳門上的城樓裡，唐玄宗曾兩次設宴款待突厥首領和使臣，東、西突厥首領還曾因使臣位置發生衝突。

▲ 大明宮遺址，位於唐長安城北側的龍首原，是大唐帝國的大朝正殿，唐朝的政治中心和國家象徵。（張雷攝）
▼ 大明宮遺址復原微縮景觀。（張雷攝）

穿過廣場，經過東朝堂遺址，來到含元殿前的登殿坡道龍尾道前。沿翔鸞、棲鳳兩閣內側的坡道，經三層大臺，迂迴登到殿上。遙想七世紀，各國使節和朝廷百官曾雲集於這座國際大都會——長安，在這蜿蜒盤旋的坡道上排著長隊緩緩而上。由於它太過蜿蜒曲折，年過八十的柳公權曾在登上龍尾道後，因年老氣衰，竟然聽錯了皇帝尊號，被罰一季俸祿。

但這高出地面十餘公尺的殿堂基臺上，如今只能看到不復聳立的石柱的柱礎石了。大明宮氣勢恢宏的主殿、飛廊、東西兩閣和鐘鼓樓，都只能憑藉著那些粗大渾圓的柱礎石來推測和想像。這裡是唐代皇帝聽政和舉行外朝大典活動的場所。史書中記載的冬至和上元大朝會時，數萬人列於殿前廣場，友好鄰邦和國內各民族都派遣特使前來進貢祝賀的熱鬧非凡，此刻都歸於沉寂。

或許王維的詩還能召喚起當年那雄渾的氣勢：「九天閶闔開宮殿，萬國衣冠拜冕旒。」站在基座上沿著中軸廣場往北眺望，宣政殿和紫宸殿不再聳立在地面上，也都只在想像中了。在那些開闊之地，必然時常有打馬球的騎行隊伍出現，這項鍛鍊騎術和具有軍事訓練性質的運動，在唐朝極為盛行。

唐朝的元日大會源於古代的朝貢制度。每逢此時，皇太子、文武百官、地方朝集使分別向皇帝拜賀新歲，穿著不同服飾的各國使節和首領，列隊登上含元殿，依次覲拜，獻上來自各國的寶物，以表對大唐的尊敬和臣服。在閻立本所繪的《職貢圖》上，我們還能看到唐太宗時期，南洋的婆利、羅剎、林邑國等前來中國朝貢和進奉珍奇物品的景象。

唐人曾身處其中的盛世景象也留在了唐代壁畫裡。陝西歷史博物館的唐代壁畫館裡，我看到了兩幅從章懷太子墓出土的《客使圖》（見七十五頁），呈現的是唐朝鴻臚寺官員接待異域使者的情況。

鴻臚寺是專門管理接待外賓和少數民族使節的部門。東壁的《客使圖》共有六個人物，前三人為唐朝鴻臚寺官員，後三位為使者。第四個人光著頭，濃眉毛，深目高鼻，闊嘴方臉，上身內穿襯衣，外套翻領紫袍，腰繫白帶，腳穿黑靴，兩手交疊於胸前。從衣著相貌看，他很可能是拂菻國（Prwn），也就是拜占庭帝國（東羅馬帝國）的使節。第五個人頭戴骨蘇冠，按衣著推斷，應當是新羅使節。第六個人頭戴皮帽，圓領，無鬍，身穿圓領灰大氅，應該是古代東北少數民族地區的室韋族或靺鞨族。

〔唐〕閻立本，《職貢圖》，藏於臺北故宮博物院。

西壁的《客使圖》，也可以根據容貌和裝束推斷出使者很可能來自高昌或突厥，還有一位是胡人。《舊唐書》記載，從唐初到玄宗開元年間，唐曾與近四百個國家和地區相互交往。經過攻伐兼併後，至開元年間，尚存七十餘國。除了少數屬於中國境內周邊各族建立的政權外，它們與唐朝往來，是唐朝官員對外交往的主要內容。

唐朝的國際大都會長安充滿胡風和異域情調。穿行在陝西歷史博物館裡那些身著胡服、女扮男裝、英姿颯爽騎於馬背上，有的還深目高鼻的陶俑之間，我不禁想像，一位唐長安城的居民走出自己的宅院，經過坊牆，穿行過很多行人、馬匹和馬車的人流中，來到西市，將會看到什麼樣的情景呢？

他會看到成千的店舖林立，賣骨製梳、釵、珍珠、瑪瑙、金器、銀器、玻璃器皿、毛紡織品、胡粉香料之類的東西，會有高大的駱駝穿梭其中，會經過一棵獨柳樹下的刑人之所，人群中有高鼻深目的突厥人、波斯人、大食人（今阿拉伯人），蓄著大鬍子的粟特胡人，以及服裝與我們迥異的日本人、吐蕃人，甚至還有黑人。

騎在馬背上的胡服女子，戴著笠帽，揚鞭策馬在街市穿行，還有一些皇親貴族女性，雖小口紅唇、薄施粉黛，卻身穿官宦男子的常服出現在公眾場合。街邊的酒肆飯館裡，食客們在食胡餅，飲葡萄酒，李白這樣的詩人則吟著「胡姬貌如花，當壚笑春風」的詩句。

若細細觀察那些胡人臉上的神情，會發現他們的姿態不盡是自信張揚的。他們也會在唐朝氣宇軒昂的外交官面前露出卑微神態，馬夫駝夫的男侍從也會有小心翼翼的眼神和動作。唐人雖視穿胡服、吃胡食為時尚，但也並非完全沒有任何偏見。

通過長安人珍藏的器物可以窺見他們的日常生活，也掀開了中古的一角。西安南郊出土了何家村珍寶窖藏的興化坊，位於長安朱雀門街西第二列第三坊，往北過兩坊即皇城，東面隔一坊為朱雀大街，西北跨一坊是西市，曾經是皇家貴戚和高官貴族居住的黃金地帶。這批珍寶被精心裝在三口陶罐裡，埋於地下，也許就是為了穿越時間，來自述一個唐人的生活。這些珍寶的主人是一位錢幣收藏家，收藏了春秋時期齊國的「節墨之法化」，唐天寶十五載以前的「開元通寶」，還有羅馬金幣、波斯人使用的薩珊王朝的銀幣，以及極其罕見的「涼造新泉」和「高昌吉利」，外國錢幣很可能是西亞和中亞商人在長安活動的痕跡。也許正因為他嗜好收藏，才決心如此精心地給後世收藏者留下一份禮物。

這些收藏裡，有許多金銀器，有些素面簡潔，有些則吸收了以撒馬爾罕為代表的中亞金銀器紋樣，做了細緻和略微繁複的雕刻，花紋則可能是充滿佛教意味的蓮花，隨性自如地融合在一起使用。這位主人也從事煉丹，煉丹的材料是金箔和琥珀。也許他懷著永生的渴望，希冀能與未來的後人交流一

大唐西市復原模型。（張雷攝）

下長壽的祕訣，或進行一場嚴肅的醫學討論。

置身於珍寶主人的物件所組成的小宇宙裡，我觸碰到一個唐人觀念中的疆域：它在地理空間上很遼闊，沒有什麼自我身分設定的明確邊界，折中，兼收並蓄。

這是一個唐朝帝都人的心態。唐朝開國後，太宗和高宗不斷對突厥、薛延陀、吐谷渾、西域諸國（如高昌、龜茲）等國家作戰，逐漸控制了漠南、漠北、西域等地區。唐高宗龍朔年間，唐朝疆域面積達到最大，約為一二三七萬平方公里（一說一〇七六萬平方公里）。長安作為鼎盛時期唐朝的都城，不僅是當時全國政治、經濟、文化的中心，也是那個時代東亞文明的中心。

統一的唐帝國建立起一個跨地域的交通和貿易網絡，以長安和洛陽為中心向外輻射，以便貿易和帝國內部人員往來。西域的胡人騎在駱駝背上，穿越沙漠戈壁與河西走廊，來到長安，首都的道路網絡還從北方邊疆擴展到南方，穿過四川的道路把雲南和貴州與帝國其他部分連接起來，一直延伸到東南沿海，乃至東亞、中亞、南亞、東南亞的主要城鎮。

長安吸納著來自四面八方的人物。他們中間有山東豪門大戶出身的貴族子弟，也有前來參加科舉考試的東南才俊，既有西北投誠或被俘的胡族將領，又有沿著絲綢之路從中亞內陸來的粟特商人，甚至還有從更為遙遠的波斯、大秦趕來的基督教士和摩尼教徒。通過商業販運和王朝的賦稅貢獻，長安聚集了天下眾多的財富和珍寶。盛世中的唐朝人在思想上也許不夠深刻，但長安佛寺中的高僧或道觀中的道士的思維更加接近神靈。

除了擴展跨地域的交通和貿易網絡，以長安、洛陽為樞紐，一個快速的郵驛系統建立起來。沿道路十里一驛，總共擁有一二九七個驛站，從長安到帝國最遠的地方需要半個月，即使是曾經封閉的四川也可以定期與其他地方聯繫。郵驛一旦延誤期限一天會被重打八十大板，遞送公文延誤六天會被責罰服苦役兩年，延誤緊急的軍事公文可能會被處以斬刑。

據推算，高仙芝利用驛站，從長安出發到達四千公里以外的安西都護府大概需要十天；如果從東部揚州出發，到達王土最西邊的邊境，用快馬需要一個多月。唐朝跨過天山山脈，成為半個中亞的保護者，也達到了當時帝國治理與後勤的極限。

## 源流出於夷狄的世界帝國

陳寅恪在《唐代政治史述論稿》中引用朱元晦語：「唐源流出於夷狄，故閨門失禮之事不以為異。」陳寅恪點評道：「朱子之語頗為簡略，其意未能詳知。然即此簡略之語句亦含有種族及文化二問題，而此二問題實李唐一代史事關鍵之所在。」

在《唐開國》一書中，唐史研究學者于賡哲提到，從南北朝到隋唐建國，南北方走上了不同道路。「南方更多保留有漢魏以來的傳統文化，而北方被注入了游牧民族的新鮮血液。」隋唐都出身於西魏宇文泰創立的關隴貴族集團。

宇文泰在鮮卑舊制基礎上創立了府兵制度，成年男子平時為民，戰時為兵，兵農合一。這些府兵由八大柱國將軍統領，與他們下面的十二大將軍組成了關隴集團的金字塔尖，軍政合一，出將入相。這個集團既有漢族文化的血脈，也有游牧民族的勇武之氣。北周、隋、唐之間還有姻親關係，隋文帝楊堅的皇后、唐高祖李淵的母親、北周明帝的皇后都是八柱國鮮卑族大將軍之一獨孤信的女兒。

四世紀之初，北方被一批批異族的游牧民族所蹂躪。入侵者在西北有吐蕃血統的羌和狄，在北方有匈奴及各種突厥人、準蒙古人和通古斯人。他們建立起很多短命小王朝，直到三七六年由拓跋突厥人建立了一個穩定而統一的北方政權北魏。漢朝後期直到唐代，少數民族人口持續內遷導致了民族結構的改變。

唐初，少數民族移民占帝國總人口的七%，占北方人口的十二%至十四%；唐後期，則占到十%至十九%。這深刻影響了北方的社會和制度，在西北出現了一個與傳統中國統治階級迥然不同的貴族集團，就是權力基地在山西西南、陝西和甘肅的關隴貴族，隋唐皆出自這個半胡化的精英集團。它們的成員是混血兒，生活方式深受游牧部落風俗的影響，很多人既講漢語，又講突厥語，基本上都出身軍人集團而非文人精英。

唐高祖李淵是西魏柱國大將軍李虎之後。根據陳寅恪的考證，李淵家族應是趙郡李氏後代，但李唐自稱隴西李氏，把郡望改為關隴地區。唐與隋同出一個政治集團，統治基礎相似，實際上有血緣關係，也繼承了鮮卑游牧民族的尚武傳統。

唐太宗李世民還在做皇子的時候，曾與突厥盟友歃血為盟，誓為兄弟。玄武門之變後，他通過祭獻馬匹來獲得合法性，這是依據突厥的習俗；又通過結為義親來強化關係，這種做法也是吸收游牧文化模式的一部分。游牧文化推崇富有個人魅力的領導者，李世民殺兄以獲得權力的方式，更接近游牧民族而非傳統中國的傳承方式。

唐皇室因此在血統和文化上融合了五至六世紀統治華北邊境的「蠻夷」文化。學者葛兆光如此評述道：「每一個王朝的建立，都要在開國之初建立起自己的合法性形象，這種合法性從儒家的經典裡面來。」

唐代的統治者對於政權的合法性和合理性，一開始是有相當深憂慮的，特別是協助父親從合法的隋朝那裡奪取天下，又以並不合法的手段奪取皇位的唐太宗李世民。李世民用各種方式來建立聲望，比如抨擊和貶抑隋朝舊臣，頒布五經定本和新的五禮來壟斷經典話語的解釋權等。更重要的是，他通過開拓邊疆、平定四夷，贏得「天可汗」的稱號來建立威望。這與正統觀念不一樣。

六二四年，朝廷征服高昌，討論如何處理的問題。高昌接近吐魯番，位於新疆。褚遂良說：「臣聞古者哲后臨朝，明王創制，必先事華夏，而後夷狄。務廣德化，不事遐荒。是以周宣薄伐，至境而反。始皇遠塞，中國分離。……陛下誅滅高昌，威加西域，收其鯨鯢，以為州縣。……此河西者，方於心腹；彼高昌者，他人手足。」

這段話說明，現在的中國領土與唐王朝暫時的領地之間存在著區別：在「華夷」世界觀的描述中，古聖先賢確定了中國本土與外部世界的劃分；帝國的內部是以農業和城市貿易為基礎的定居生活，外部則是北方和西邊部落（內蒙古、甘肅和中亞）的游牧遷徙生活。

但唐太宗的觀念和這種正統觀念不同。他提倡一種包容性，認為所有民族最終都將納入中國，他和唐朝的一些後繼統治者都試圖讓突厥人和其他部族融入帝國疆界。唐太宗宣布自己為天子兼可汗的這個頭銜，象徵著唐太宗的大國理想既包括中國人，也包括游牧民族。

「天子」與「可汗」兩者能夠生活在同一個單一帝國內，統治者為同一人，君王因能力超群，足以超越中國本土與外部世界的明確界限；而對這兩種類型的人民，可以有兩套平行的管理系統。

這種「自古皆貴中華，賤夷狄，朕獨愛之如一」的平等思想，也表現為任用非漢人官員，授予他們軍事頭銜，贈予他們皇室李姓的政策。從七世紀後期和八世紀開始，唐帝國主要依靠胡人將帥和軍隊的軍事力量，他們駐紮於帝國邊境，在唐朝的對外戰爭中為唐朝流血犧牲。名將艾薩拉色兒、契苾何力、李思摩、李光弼，還有平定安史之亂中死難的哥舒翰，都是胡人（安祿山也是胡人）。于賡哲說，唐朝整個社會因此有胡漢結合的特點，繼承了北朝風格，沒有血統觀念，只有文化觀念。

唐昭陵，唐太宗李世民和文德皇后長孫氏的合葬墓，
位於陝西咸陽市禮泉縣。（張雷攝）

不過，文化上，唐皇室與代表正統的舊貴族的衝突差異仍然存在。唐代初期和魏晉南北朝一樣，是一個以門閥制度為特徵的貴族時代，重視門第。那些山東（華北和華中一帶）的舊貴族是懂門風禮法的名門之後，看不上當權新貴族，從而有「門不當戶不對」的說法，為唐太宗所痛恨。安史之亂後，社會上的門第之風仍然盛行。

陳寅恪先生引述過鄭覃的事：文宗為莊恪太子選妃，朝臣家子女者，悉被進名，士庶為之不安。帝知之，謂宰臣者曰：「朕欲為太子婚娶，本求汝鄭門衣冠子女為新婦。聞在外朝臣皆不願共朕作情親，何也？朕是數百年衣冠，無何神堯打家羅訶去。」陳寅恪注釋，唐代皇室出自宇文泰所創建之關隴胡漢集團，即所謂「源流出於夷狄」者，古應與山東士族之以禮法為門風者大有不同，「及漢化程度極深之後，與舊日士族比較，自覺相形見絀，益動企羨攀仰之念。然貴為數百年天子之家，終不能競勝山東舊族之九品衛佐，於此可見當日山東舊族之高自標置，並非無因也」。

這樣的皇室源流，也讓唐朝與前世後世的朝代相較，皆有不同的精神氣質。

八世紀早期，唐朝通過成功的對外戰爭設立起一連串散布於邊境的都護府：安西（西突厥、西域和吐蕃）、北庭（突厥諸部）、單于（統治東突厥）、安北（回紇和鐵勒游牧民族）、安東（朝鮮、契丹、奚和）和安南（越南的外族人）等都護府，不僅基本囊括了現代中國的主要版圖（不包括西藏的吐蕃國），還包括了今天許多鄰國的一部分甚至全部。

從俄羅斯、吉爾吉斯斯坦、塔吉克斯坦、土庫曼斯坦、阿富汗、巴基斯坦，到越南、老撾、朝鮮、蒙古國，都出現過唐朝皇帝所冊封官吏的身影。唐是一個世界性的帝國。這些都護府並非直接在中央政府的統轄下，而是折服於天可汗的威名，向大唐俯首稱臣。

古人的這種「俯首稱臣」和我們現代人的觀念不盡相同。李淵舉起反隋大旗時，他需要穩定後方，免受突厥攻擊。溫大雅的《大唐創業起居注》記載，在寫給突厥可汗的信封上，是用「啟」還是「書」，李淵和手下發生了分歧。雖然認為突厥不懂漢文，但因擔心一些投奔突厥可汗的中原知識分子因這個字挑撥離間，最後使用了「啟」。這件事後來在唐太宗看來，是高祖曾稱臣於突厥的證據。

唐代把中央以外地區分為蕃部與絕域。唐朝統治者認為，「自古帝王雖平定中夏，不能服戎、狄」的根本原因在於「貴中華，賤夷狄」，因此必須「懷柔遠人，義在羈縻，無取臣屬」。尤其是唐太宗李世民，調整朝廷與各民族之間的關係，在處理內地與邊疆事務上，內外無別，一視同仁。

唐太宗的「愛之如一」思想、高宗和武則天時期的「損彼之強為中國之利」、玄宗的「多事四夷」、德宗的「威信並立」、文宗的「天下一家」、宣宗至哀帝的「綏柔荒遠」思想，基本脈絡就是唐太宗「天下一家」思想的延伸。他們理想的民族關係是以武力征服為手段，在四夷地區建立穩固統治，對歸順的少數民族積極接納安撫，達到「蠻夷狄戎，殊方異類，重譯而至」，以「中外無隔，夷夏混齊」。

六四七年，唐出錢贖回被掠到大漠南北的漢人，同時詔令「其室韋、烏羅護、靺鞨三部人為薛延陀所掠者，亦令贖還」。阿史那社爾、契苾何力、黑齒常之、李謹行等不但受到重用，有的還成了駙馬；開元、天寶之際，不少民族將帥成為唐軍主力，安祿山、哥舒翰等晉封王爵。

這種開明的民族政策、開放的人才策略，使周邊地區的各類人才不斷進

唐長安城含光門遺址。（張雷攝）

入唐帝國的統治機構中，在不到百年的時間裡打造了一個疆域遼闊、民族眾多的盛世帝國。對於周邊民族政權的貢物，李唐採取了優厚的回賜政策，「計價酬答，務從優厚」。

唐朝將貿易中的雙方關係設定為進貢和賞賜關係，以顯示自己的優越性，籠絡和感化對方，經濟效益並不是統治者考慮的問題。這種貿易實際上是以犧牲本國經濟利益為代價的非平等的經濟關係，也是中國古代王朝的通病。

唐朝人看待世界體系的方式，與正統儒家學說的天下觀又有何不同呢？

自漢代把包括《尚書》在內的儒家經典確立為正典後，其中的「禹貢」所提出的「九州」世界體系，形成了「文明的中心由帝國直接治理，半文明的民族環繞四周，再向外則是蠻夷」「內諸夏而外夷狄」的二分法世界觀，文人和廷臣對軍事擴張的懷疑態度日益增強。

對有文化教養的中國古人來說，華夷之別根植於宇宙秩序中，異族和異文化屬於外部世界，而中國則以九州為中心，遵守一系列文化規範。但唐朝的實際情況不符合這種觀念上的劃分形式，大量異族不僅生活在邊疆區域，也生活在中國的城市裡。

為了從觀念上應對這種現實，唐代文人有一套複雜的詞彙來區分中國「本土」和「帝國統治下的異域地區」，蒙古、新疆、四川西部就屬於後者。本土和異族之間的劃分，制度上以羈縻府州的形式表達出來。羈縻府州如同漢代的「屬國」，是相對自治的區域。

唐的疆域內，定居的異族由其部族首領管理，唐朝冊封這些首領並授予官職。他們有義務服從於帝國，提供軍事力量援助正規軍，但不需要繳納同樣的賦稅或服勞役。羈縻府州是唐朝和真正化外「蠻夷」之間的緩衝帶，缺乏清晰或固定的邊界。異族來而復去，隨大唐勢力的消長不時改變居住地，唐朝疆域的邊界也就出現臨時性的不斷變動。

唐代湧現的新國家雖然規模小得多，但組織方式與中國相同，統治者具有同樣的思想意識。這些國家用中文處理公務，採用中國的法律和辦事手續，向唐朝朝貢。這就是唐帝國的朝貢體系。

## 一個波斯家族的墓誌

唐天寶年間，波斯人李素的祖父李益奉波斯王命來唐朝出使，因充質子，授右武衛將軍，在長安宿衛。波斯人入仕唐朝者，《新唐書．波斯傳》所記載的有王族卑路斯及其子泥涅師，還有阿羅憾和李元諒。李素和他夫人卑失氏的墓誌於一九八〇年在西安出土，從而令一個波斯家族在唐朝的生活呈現於世。

天寶時，波斯已是阿拉伯帝國的一個省分。波斯薩珊王朝在六五一年被新興的阿拉伯王國所滅，不再有自立的國王遣使入唐。這段時期，波斯與唐朝的交往雖然仍不斷見諸漢語史籍，但這些波斯使者多是薩珊後裔或冒稱使臣的商人。薩珊王朝覆滅時，國王卑路斯、王后和兒子逃到中國，隨行的應有波斯王室、后族和一些貴族。唐長安禮泉坊有一個波斯胡寺，卑路斯曾奏請於那裡。而李素有可能出自這個波斯王后一族。

自唐初始，唐朝把大量外國質子和滯留不歸的使臣隸屬於中央的十六衛大將軍，宿衛京師。李素的祖父李益大概屬於這類波斯人。李益的兒子李志

〔唐〕新疆阿斯塔納墓出土的兒童絹畫，描繪了兩個在草地上嬉戲的兒童，兩人身穿同款條紋背帶褲，這種款式主要是受「胡服」的影響。

大概在肅宗或代宗時期擔任唐朝的朝散大夫守廣州別駕上柱國。廣州是中都督府，唐開元時有六四二五〇戶，別駕是僅次於都督的地方長官。

以廣州為中心的嶺南地區，從南朝到隋唐五代與波斯地區保持著海上交往，有不少入華的波斯人後來從北方南下嶺南地區，其中以景教徒在嶺南的活動最受矚目。唐朝中後期，唐帝國與外部世界的貿易關係正在重構。

西北方向上，唐人繼續和游牧部落聯盟在政治上打交道，沿著古代絲綢之路進行跨境貿易；南方大量的天然港口則推動了海外貿易。除了朝鮮半島和日本傳統的貿易活動，東南亞、印度和波斯灣地區之間的大量新興海上貿易活動也得到了發展。海上大宗商品貿易引來很多胡商定居中國的幾大都會。

唐中央朝廷任命波斯人李志去做廣州別駕，應該是為了便於對當地的大批胡人進行統治。李素一直隨父在廣州生活，直到七六六年，執掌司天臺的印度籍司天監瞿曇譔去世，需要新的人才補充其位，李素被召到京師長安任司天臺官員。他在天文曆算方面有特別才能。

波斯景教教僧繼承了經阿拉伯和敘利亞地區傳來的希臘文化，例如天文學、醫學等，且擅長於機械製造。唐朝兩京（長安與洛陽）人才濟濟，這樣不遠萬里地從廣州徵集一個番人，說明李素所學的天文曆算之學與中國傳統的天文學不同，另有新意。

開元時期，瞿曇羅、瞿曇悉達、瞿曇譔父子從印度來華，將波斯系統的天文曆算學傳入中國。翟曇悉達任太史監時，翻譯了印度《久執曆》，唐貞元初，又有都利術士李彌乾帶來《都利經》並翻譯。李素任職司天臺時，想必也曾協助同鄉把源自波斯的天文學著作翻譯出來。

另一位重修《聿斯四門經》的陳輔，很可能在同一時間內與李素同任翰林待詔。李素被召時，正值安史之亂後，「疇人子弟流散，司天監官員多闕」。當時他不過二十三歲，還不足以當上司天監這種三品官員；他很可能是在五十歲左右，繼唐代有名的天文曆算家、司天監徐承嗣之後就任此官職的。

李素有幾個兒子後來也完全進入中國社會，在唐朝各級衙門中供職。李景侁任河中府散兵馬使，李景伏任晉州防禦押衙，李景亮「起服拜翰林待詔襄州南漳縣尉」，後來回到京城，在右威衛任長史，李景弘任威遠軍押衙。其中，李景文先為「太廟齋郎」，後為鄉貢明經。作為唐朝皇家太廟的齋郎，李景文已經進入唐朝皇家禮儀的核心部分，而後來成為鄉貢明經，表明這個家庭的波斯後裔已經完全漢化。

他的另一個後人李景度是豐陵挽郎或太廟齋郎，豐陵是唐順宗李誦的陵墓，豐陵挽郎也是唐朝禮制中的官員。李素一家在長安生活了數十年，諸子也都在長安或附近的關內道和河東道任職，逐漸走向漢化，兒子的官職也從武職軍將漸漸轉為唐朝禮儀中的角色，甚至成為鄉貢明經。

李素生於天寶三載（七四四），卒於元和十二年（八一七），享年七十四歲。去世時，皇帝為了感謝他在代、德、順、憲四朝的長期服務，特召他的兒子李景亮為翰林待詔，寄祿的職事官銜是襄州南漳縣尉。翰林待詔正是詩人李白在長安大明宮讓高力士為他脫靴時所任的職位。

李素和他的兒子李景亮都不是科第出身，是因專業的天文星曆知識而入仕。這種入仕不在吏部的銓選範圍內，而由皇室徵召。唐朝也為外國人設置了進士科考試，有人考證，考題和內容與國人一樣，只是打分略鬆，有名額的傾斜。

在唐朝做官的外籍人士據統計有三千多人。如孫光憲《北夢瑣言》云：「唐自大中至咸通，白中令入拜相，次畢相誠，曹相確，羅相劭權，使相也，繼升岩廊。崔相慎猷曰：『可以歸矣，近日中書，盡是蕃人。』蓋以畢白曹羅為蕃姓也。」這些外籍高官中，有著名的突厥將軍阿史那思摩、阿史那社爾和哥舒翰，也有新羅人崔致遠和高麗人高仙芝，以及日本人阿倍仲麻呂。

最後，李景亮也和父親一樣，官至司天監。晚唐大詩人李商隱在大中元年（八四七）曾寫過一篇〈為滎陽公賀老人星見表〉，提到「臣得本道進奏院狀報，司天監李景亮奏：八月六日寅時，老人星見於南極，其色黃明潤大者」。此時，李景亮已經在唐宮中服務了至少三十年。唐史研究專家榮新江和賴瑞和，先後在〈一個入仕唐朝的波斯景教家族〉和〈唐代的翰林待詔和司天臺〉兩篇長文中做了細緻考察。

唐朝比之別的朝代，是一個氣質獨特、開放包容的多民族的移民國家，也是一個多民族的統一國家。不管來自何方，無論是波斯人、粟特人、回鶻人、突厥人、高麗人、大食人，都以族群聚落方式最後融化在中國之中。

唐史研究專家葛承雍說：「他們心靈深處蘊藏著民族觀念、家庭利益，但在國家意志與凝聚認同上，入鄉隨俗匯聚成中華民族的整體成員，變成唐朝國家不可分割的一部分。」這個波斯家族幾代人所行進的軌跡，正是作為世界性帝國的唐朝對外來文明和外來者包容性的內在紋理。

## 參考資料

劉慶柱《地下長安》北京：中華書局，二〇一六。
榮新江《隋唐長安：性別、記憶及其他》上海：復旦大學出版社，二〇一〇。
于賡哲《隋唐人的日常生活》西安：陝西人民教育出版社，二〇一七。
于賡哲《唐開國》桂林：廣西師範大學出版社，二〇一八。
榮新江《唐研究》北京：北京大學出版社，二〇〇三。
陳寅恪《唐代政治史述論稿》上海：上海古籍出版社，一九九七。
榮新江《中古中國與外來文明》北京：生活．讀書．新知三聯書店，二〇一四。
卜正民、陸威儀《哈佛中國史（三）世界性的帝國：唐朝》北京：中信出版社，二〇一六。
程旭《唐韻胡風：唐墓壁畫中的外來文化因素及其反映的民族關係》北京：文物出版社，二〇一六。

# 四大帝國的全球政治*

唐王朝屹立於東亞大陸之際，正值波斯薩珊王朝衰弱滅亡、拜占庭帝國實現中興、法蘭克諸王國逐步控制西歐和南歐；從東非到中亞，全世界都在被擴張和征服的熱情所感染。尤其具有劃時代意義的是，從中東沙漠中走出的阿拉伯騎兵成為全球舞臺上新的要角，不同文明中心間的碰撞和互動進入了一個新階段。

*本文作者為劉怡。

## 四大帝國的時代

西方之戎，古未嘗通中國，至漢始載烏孫諸國。後以名字見者浸多。唐興，以次修貢，蓋百餘，皆冒萬里而至，亦已勤矣！

——《新唐書．西域列傳》

唐朝君臣第一次知曉阿拉伯帝國在世界上的存在，是在高宗（六四九～六八三年在位）永徽年間。據《舊唐書》記載，六五一年「八月乙丑，大食國始遣使朝獻」，帶來良馬和寶石腰帶作為禮物。通過與來使的交談，唐人獲悉這是一個興起於波斯以西「俱紛摩地那之山」（即 **Jabal Madinah**，麥地那山的音譯）的「西戎」國度，開國之主名噉摩訶末（穆罕默德），活躍於隋末，如今已傳至第三代。

大食國「土多沙石，不堪耕種，唯食駝馬等肉」，人民則「勇於戰鬥，好事天神」；開國之初，其王曾「移穴中黑石置之於國」。這些記載顯然精準地對應上了阿拉伯半島的地理環境、伊斯蘭教習俗以及麥加天房（**Kaaba**）中黑石來歷的傳說。

高宗、武后在位時，大食國陸續發兵擊破周邊的波斯、拂菻諸國，並頻頻遣使來朝。開元初年，由於認定該國係「慕義遠來」，殊可嘉許，唐玄宗甚至一度准許大食國使節按照其宗教習慣，在謁見時「平立不拜」，頗讓禮部傷了一番腦筋。

唐人與阿拉伯來使最初的交流，大約是以波斯語作為媒介。《舊唐書．西

〔唐〕敦煌莫高窟二一七窟壁畫《破陣樂舞勢圖》，描繪的是唐代宮廷武士表演歌頌李世民征伐功績的《秦王破陣舞》的情景。

戎列傳》在對大食的描述中，誤記其為波斯西境的割據部落，便是證據之一。而唐人對阿拉伯帝國諸項名目制度的描述，顯然也經過了波斯語的轉譯。如「大食」（食字音「義」）一詞，其實是來自波斯人對其接觸到的第一個阿拉伯部落塔伊（Tayy）的稱呼。

《西戎列傳》所記載的大食國君主頭銜「噉密莫末膩」，則是出自阿拉伯帝國第四任哈里發（政教合一領袖）阿里的敬稱Amir al-Mu'minin，意為「信教者的領袖」。儘管對該國內政所知不算詳明，唐人依舊準確地記錄了阿拉伯帝國的繼承權在白衣大食（倭馬亞王朝）與黑衣大食（阿拔斯王朝）之間轉移的經過，還曾提到大食對克夏臘（敘利亞）的征服。足見在時人的世界認知中，已經有中東及其瀕臨的地中海、紅海的存在。

相當巧合的是，同樣是在六五一年，阿拉伯帝國興兵攻入波斯東部殘存的呼羅珊（Khorasan）地區。波斯薩珊王朝末代君主伊嗣俟三世（Yazdegerd Ⅲ）出逃至小馬雷（Marw al-Rudh），遣使向唐高宗求援。

由於文獻記載有限，我們無從得知伊嗣俟的代表和大食國使者抵達長安的時間孰先孰後，亦無從推斷唐朝君臣是否意識到了阿拉伯帝國東征的決定性意義。《新唐書．波斯傳》對此僅記錄了寥寥一筆：「遣使者告難，高宗以遠不可師，謝遣。」

伊嗣俟隨後在小馬雷被暴動的當地人殺死，薩珊王朝滅亡。他的兒子卑路斯三世（Peroz Ⅲ）則以吐火羅（今塔里木盆地）為基地，繼續與阿拉伯軍隊對峙，並再度向唐朝求援。高宗遂下旨在西域的疾陵城（Zaranj）設波斯都督府，拜卑路斯為都督，為其提供發起復國運動的大後方。

此事雖未能告成，卑路斯及其子孫仍得以繼續在唐朝境內避難，其行跡至天寶初年猶有記述。祖母綠、巴旦木、安石榴等波斯風物名稱，以及祆教、摩尼教等中亞原生宗教，也以此為契機傳入中土，在兼容並蓄的唐代文化史中留下了吉光片羽。

在《舊唐書．西戎列傳》中，還記載有另一個「海西之國」拂菻的存在。唐人正確地判定該國正是《後漢書》中記載的「大秦」（羅馬帝國）的延續，即以君士坦丁堡為中心的東羅馬帝國。

至於「拂菻」這一名稱，則又是從中古波斯語的 **Rûm**（羅馬人）一詞借用而來。在《新唐書》和《舊唐書》勾勒的世界版圖中，唐的北境有突厥、回紇諸汗國，東方有高句麗、新羅、百濟和日本，西部與吐蕃、波斯、大食以及中亞一眾小國接壤，更遠的西方則有拂菻。

對活躍於西歐的法蘭克諸王國和正在湧入巴爾幹半島的斯拉夫人，唐人似乎所知不多，對歐洲形形色色的宗教紛爭更是聞所未聞。《西戎列傳》中引用的《論語》嘉句「近者悅，遠者來」，以及唐高宗關於波斯戰爭的表態，都足以概括唐人的外交觀念：樂於交結諸國，但避免揮霍資源。

然而在不經意間，唐帝國也已捲入七至十世紀影響全球格局的一場大動盪。阿拉伯帝國在歐亞大陸「心臟地帶」的崛起，影響逐步波及至全世界。

到八世紀初，阿拉伯倭馬亞王朝的勢力範圍已經延伸至北非、中亞乃至伊比利半島，隱隱有併吞整個歐亞大陸之勢。然而他們先是在君士坦丁堡城下敗於東羅馬帝國的神祕武器「希臘火」（七一七年），接著又在圖爾之戰（七三二年）中被法蘭克人統帥查理的軍隊所逐退。

伊斯蘭教的擴張勢頭止步於歐洲邊緣，拜占庭帝國（東正教）和法蘭克王國（天主教）這兩個基督徒共同體得以延續下來，成為東西歐文明圈的先聲。而在中亞，阿拉伯騎兵雖然得以在怛羅斯（Talas）戰役（七五一年）中擊敗唐軍，但始終無法逾越地理空間的阻隔。

到八世紀中葉，拜占庭、法蘭克、阿拉伯、中國四大帝國體系並存於世界的格局已經基本成型，直至十三世紀奧斯曼土耳其和蒙古帝國崛起方被顛覆。如同日本明治大學教授、唐史研究者氣賀澤保規所言，四大帝國各以一種獨立的宗教作為精神依託，並向周邊地區輻射，形成了古代史上「絢爛的世界帝國時代」。在這個時代告終之後，各地獨立的民族意識開始覺醒，近代世界的黎明已經呼之欲出。

## 「希臘火」的奇跡

龍朔初，擊破波斯，又破拂菻，始有米麵之屬。又將兵南侵婆羅門，吞併諸胡國，勝兵四十餘萬。

——《舊唐書．大食傳》

有時，改變世界歷史走向的未必是某位英雄人物，倒有可能是一場始料未及的自然地理災難。比如，五七〇年葉門馬里卜大壩（Marib Dam）的崩塌。在那之前，阿拉伯半島半數以上的人口都居住在南部這片狹小的綠洲之中，依靠定居農業過活，接受基督教君王的統治。

在紅海對岸，信奉科普特派（舊東正教主要分支之一）教義的埃塞俄比亞阿克蘇姆王朝是葉門王國的真正控制者，也是紅海貿易的最大受益人和地中海以南最昌盛的文明中心。在年久失修的馬里卜大壩毀於一場意外的暴雨之後，葉門的阿拉伯人開始向北方的漢志地區（Hejaz）遷移，其中就包含有伊斯蘭教創始人穆罕默德的祖父。阿克蘇姆帝國在紅海東岸的勢力範圍則逐步被波斯薩珊王朝所蠶食，被迫向東非內陸收縮。

一場改變印度洋北岸權勢格局的革命正式開始興起。

馬里卜大壩崩塌之際，中國正處在南北朝分裂局面終結的前夜，作為羅馬帝國兩大繼承者之一的東羅馬帝國則在游牧民族的進攻下處境逼仄。六一三年，波斯軍隊攻入地中海東岸，接連占領大馬士革和耶路撒冷，連基督教的最高聖物「真十字架」（傳說中釘死耶穌的十字架）也被奪走。直到十多年之後，雙方才恢復和平。

但此時的主角已經不是他們——六一〇年，四十歲的穆罕默德在麥加宣布得到大天使的啟示，創立伊斯蘭教，開始了統一阿拉伯世界各部落的征途。到六三〇年前後，阿拉伯半島腹地的絕大部分領土已經被信仰伊斯蘭教的游牧騎兵所控制，並開始朝西方的沙姆和北方的兩河平原進軍。

六三六年，三．八萬名阿拉伯士兵在南部的卡迪西亞（Al-Qādisiyyah）擊潰五萬波斯大軍，敲響了薩珊王朝的喪鐘。緊接著，他們把兵鋒移向東羅馬帝國統治下的埃及、迦太基和地中海東岸，並一度從海上逼近君士坦丁堡，幾乎使君士坦斯二世皇帝淪為俘虜。

穆罕默德病逝之後，阿拉伯帝國一度採用民主選舉或推舉的方式來產生最高領袖，歷時四代，史稱正統哈里發時代。唐朝君臣所知的「噉密莫末膩」阿里，便是其中最後一位。當他在六六一年遇刺之後，來自麥加倭馬亞族的穆阿威葉一世（**Muawiyah I**）奪取了哈里發之位，開創了世襲制的倭馬亞王朝。

這位穆阿威葉正是六五五年率艦隊從海上進攻君士坦丁堡的指揮官，在他眼中，只有奪取了這座位於歐亞大陸交界地帶的「新羅馬城」，才能打開阿拉伯軍隊進入地中海和歐洲大陸的通道。為了那一天，阿拉伯人準備了將近半個世紀。

在阿拉伯世界陷入繼承權之爭的同時，東羅馬帝國同樣面臨著內部紛爭。儘管始終以榮耀的羅馬帝國的傳承者自居，但當亞平寧和西歐陸續被蠻族占領之後，這個退縮到地中海一角的虛弱帝國已經表現得更像是一個希臘化國家。人們也更樂於用君士坦丁堡的原名**Byzantium**，稱其為「拜占庭帝國」。

在七世紀末的「二十年混亂」尾聲期，出生於敘利亞的行伍將領、被訛稱為「伊索里亞人」的利奧三世（Leo III the Isaurian）奪取了政權，開創了

葉門境內的馬里卜大壩遺址。這座著名水利工程在西元六世紀末的崩塌成為中近東秩序洗牌的直接誘因。

拜占庭的伊索里亞王朝。七一七年春天，他剛剛登上帝位，就被迫面對阿拉伯人的海陸夾攻。

參與圍攻君士坦丁堡的阿拉伯軍隊總數在十二萬人左右。他們中的八萬名陸上部隊從西側的色雷斯平原切斷了城市與歐洲大陸之間的交通，一千八百餘艘海上戰船則在南北兩個方向建立了封鎖線，企圖用飢餓迫使守軍投降。

利奧三世的旗下雖然有五十萬居民和從全國各地湧入的難民，但正規軍只有

一．五萬人，並且裝備不佳。

他們唯一可以仰仗的法寶是祕密武器「希臘火」（Greek Fire）——一種用黑海沿岸出產的石腦油（輕質石油）混入硫黃、瀝青、松香和樹脂加熱製成，以液體形式儲存的火攻材料。兩軍作戰時，點燃希臘火並通過虹吸裝置噴射到敵方的陣地和艦船上，便可以燃起難以撲滅的熊熊大火，也可以事先將較輕的希臘火液體傾倒到敵方艦船的停泊地附近，再用火箭引燃，使對手無法逃脫。由於作用距離有限，希臘火不是一種理想的陸戰武器，但極為適合海戰。利奧三世便是打算將賭注押在這種火器上，指望以海上勝利粉碎阿拉伯人的封鎖。

七一七年九月三日，阿拉伯艦隊闖入君士坦丁堡北面的金角灣，企圖包圍守軍附屬的船隻。利奧三世下令向敵軍傾倒「希臘火」並立即引燃，燒燬了二十艘敵船，並俘獲了另外幾十艘。大驚失色的阿拉伯人被迫將海上封鎖線後移，並且不得不在寒冷的氣候中度過整個冬天。

直到七一八年開春，阿拉伯人才恢復進攻。但在整個冬天，阿拉伯戰艦上的埃及水手們已經備受嚴寒、饑饉和酷刑的折磨；戰鬥一開始，他們就紛紛棄船逃跑。守軍乘機一擁而出，將「希臘火」傾倒在阿拉伯人的艦隊上，引火點燃。擁有三百六十艘戰船的阿拉伯非洲分艦隊幾乎在一夜之間灰飛煙滅。

利奧三世隨後一鼓作氣，在他的保加利亞盟軍的配合下襲擊了阿拉伯人的陸上部隊。七一八年八月，阿拉伯人被迫退兵。由於在途中遭遇風暴，他們的龐大艦隊只有五艘回到了埃及的港口。對君士坦丁堡的圍困解除之後，利奧三世繼續向小亞細亞西部進軍，在七四〇年將阿拉伯勢力徹底逐出了安納托利亞。拜占庭帝國得以轉危為安，並繼續存在到十五世紀中葉。

二十世紀最重要的拜占庭史研究權威亞歷山大・瓦西里耶夫曾經不無誇張地評價道：「利奧的勝利不僅挽救了拜占庭帝國和整個東方基督教世界，而且也挽救了整個西歐文明。」這當然有些言過其實，但拜占庭終究是在阿拉伯帝國掀起的驚濤中倖存下來了。

# 決戰士赫平原

查理的勝利也許並不足以使西歐免於阿拉伯人的統治，但卻足以使他在高盧境內獲得優勢地位，並建立自己的王朝。若無穆斯林，則法蘭克王國可能永遠不會存在；若無穆罕默德，則可能永無查理大帝。

——（英）富勒《西洋世界軍事史》

需要拯救的不只是君士坦丁堡。在他們西方兩千四百公里外，另一場影響世界的抵抗戰爭也在進行著。五世紀初，即中國東晉末年，生活在西羅馬帝國境內卻不曾經歷希臘化「開化」的日耳曼諸「蠻族」（Barbarian），利用帝國一再內訌的機會開始了入侵，逐漸席捲了整個西歐大陸。四七六年，蠻族統帥廢掉西羅馬帝國末代皇帝羅慕路斯，隨後開始了內部傾軋。

經過一番混亂的爭鬥，東哥德人在今天的義大利境內建立了一個短命的王國，最終在西元六世紀中葉被拜占庭軍隊消滅。西哥德人在庇里牛斯山南麓（今天的西班牙）建立了西哥德王國。今天的低地國家荷蘭和比利時，當時由弗里斯蘭人建立的弗里斯王朝所統治。而在西歐的腹地高盧和日耳曼尼亞，法蘭克人成為大混戰最後的勝利者，於五世紀末建立了墨洛溫王朝。

這一輪民族大遷徙和大融合，影響到的遠不只是西南歐。五世紀初，被稱為「上帝之鞭」的阿提拉率領游牧民族匈人（Huns）入侵歐洲，將此前活動於聶伯河流域的原始斯拉夫人驅趕到了多瑙河下游的平原地區。

與他們一同出現的還有在中國的統一戰爭中失敗西逃的柔然人，即阿瓦爾人（Avars）。六世紀後半葉，裹挾著斯拉夫人的阿瓦爾人一度成為東南歐真正的主人，並迫使拜占庭帝國向其進貢。到了七世紀中葉，阿瓦爾人和斯拉夫人又進入今天的巴爾幹半島，控制了整個亞得里亞海沿岸和愛琴海上的要塞。

八世紀初，即唐朝處在開元初年的那個階段，法蘭克王國的真正實權掌握在精明強幹的宮廷大臣丕平二世（Pepin II）之手。但他的統治並不能高枕無憂，因為令拜占庭帝國命懸一線的阿拉伯人的威脅同樣降臨到了西歐頭上。

七一一年，七千名從北非渡海前來的阿拉伯人和柏柏爾人（統稱為摩爾人）渡過直布羅陀海峽，在歐洲大陸建立了橋頭堡。他們從這裡衝向阿爾赫西拉斯和加的斯，以這兩個港口為跳板侵入了整個伊比利半島，相繼占領了西班牙和葡萄牙。

七一二年，這支摩爾人軍隊又越過庇里牛斯山，進入了西哥德人統治的阿基坦公國。他們的終極目標是衝過西班牙、法蘭克和日耳曼，繞到君士坦丁堡背後，與包圍拜占庭首都的艦隊一起攻下這座城市，並最終把地中海變成「伊斯蘭海」。

在這一遠大目標激勵下，摩爾人軍隊在七一九年占領了納博納，七二五年攻克卡爾卡松，七二六年勢如破竹地進抵勃艮第地區，並向北繼續滲入孚日山脈。與此同時，法蘭克王國正在經歷一場宮廷鬥爭。丕平二世於七一四年去世後，其侍妾所生的庶子查理．馬特（Charles Martel，意為「鐵錘查理」）成功奪權，並開始了對撒克遜和多瑙河流域其他蠻族和斯拉夫人控制區的討伐。

當摩爾人統帥阿卜杜勒．拉赫曼指揮的阿拉伯軍隊席捲阿基坦之時，查理還在多瑙河上作戰。直到七三一年，當阿基坦公爵奧多明確承諾願將失去的屬地併入法蘭克之後，查理才勝利西歸，在克蘭河畔的普瓦提埃（Poitiers）與摩爾人相持。七三二年十月十日，雙方在附近的土赫（Tours）爆發了最終決戰。

和西歐歷史上其他聲勢浩大的戰役相比，土赫會戰的規模和戰術水準都不算很驚人。阿卜杜勒的兩萬多名摩爾人騎兵大部分不著甲冑，身後還跟隨著大批流民和運載戰利品的騾馬，主要依靠集體衝鋒來取勝。查理麾下的一．五萬部隊則主要是重裝步兵。法蘭克人將他們的主力組成一個堅強的長槍方陣，抵擋住了阿拉伯騎兵的持續衝擊。

摩爾人攻擊了整整一天，給法蘭克人造成超過一千人的傷亡，並一度突破了方陣外圍的防禦，但始終未能破壞查理的隊形。而在黃昏時分，查理派出奧多指揮的阿基坦部隊繞過敵軍側翼，進入阿卜杜勒的營地進行襲擾，阿卜杜勒當場被殺。習慣於以幾次狂熱的衝擊就取得大捷的摩爾人開始動搖了：他們的目標不僅是征服土地和人口，更是劫掠財物。當大營中出現敵軍的消息傳來時，摩爾人騎兵幾乎全部掉頭回去救護。第二天上午，當查理再度組成方陣向前進軍時，發現他的敵人已經帶著財物倉皇南逃了。

七三二年十月，查理·馬特指揮的法蘭克軍隊在土赫之戰中擊退摩爾人遠征軍，使西歐免於被阿拉伯帝國所吞併。

土赫會戰給摩爾人造成的傷亡總數不超過一萬人，但它使阿拉伯帝國的內部裂痕立即變得公開化了。北非摩洛哥地區的摩爾人隨即宣布獨立，脫離了阿拉伯帝國的控制。留在西班牙境內、與阿拉伯本土音訊隔絕的摩爾人殘軍則在十五世紀最終被卡斯提雅王國所驅逐和收服。但最重要的影響還是對法蘭克王國本身而言——現在，阿拉伯人已經無法再阻擋法蘭克王國將西歐納入一個基督教政治共同體的野心了。由於查理在土赫會戰中建立的聲望，正在與拜占庭皇帝利奧三世陷入對立的教皇也開始和他修好，增加了他的正當性。

七五一年，查理．馬特的兒子「矮子」丕平（Pepin the Short）廢黜了年幼的墨洛溫王朝末代君主希爾德里克三世，自立為「法蘭克人的國王」，開創了加洛林王朝。不久，教皇斯蒂芬二世又為他重新加冕，並賦予其「羅馬副執政」的頭銜。

查理．馬特之子「矮子」丕平（七一四～七六八）開創了法蘭克王國歷史上的加洛林王朝，他的兒子即為著名的查理曼大帝。

七六八年這位丕平去世後，其子查理曼（Charlemagne）通過對外征伐，將法蘭克王國的版圖擴大到了今天的法國、德國、荷蘭、瑞士、義大利北部、波希米亞、奧地利西部以及伊比利半島東北角。八〇〇年，教皇將傳統上僅授予西羅馬帝國皇帝的「羅馬人的皇帝」稱號轉頒給查理曼，成為神聖羅馬帝國的開端；查理曼也因此享有「大帝」之名。

在他身故之後，通過八四三年簽

署的《凡爾登條約》，在原加洛林帝國的版圖上誕生了中法蘭克（後演化為義大利）、西法蘭克（後演化為法國）、東法蘭克（後演化為德意志）三個國家。此時唐朝已是武宗在位年間，東西方兩個帝國一同進入了新的衰變和分裂期。

## 帝國在西域

開元之前，貢輸不絕。天寶之亂，邊徼多虞，邠郊之西，即為戎狄，稿街之邸，來朝亦稀。故古先哲王，務寧華夏，《語》曰：「近者悅，遠者來。」斯之謂矣！

——《舊唐書．西戎列傳》

「西域」這一概念開始在中國歷代史書中出現，始於一世紀的《漢書》。班固在當時為這一地理概念劃定的邊界，乃是「南北有大山，中央有河，東西六千餘里，南北千餘里。東則接漢，阸以玉門、陽關，西則限以蔥嶺」，大約相當於今天的新疆南部。

《漢書・西域列傳》所收錄的內容，已經遠遠超出了這一範圍，幾乎將中原以西的所有部落統統納入其中，暗示了歷代中土王朝的邊疆觀念——一切可能危及核心農耕區安全的「邊患」，皆應被重視。因此在唐朝開國之初的七世紀，便有太宗、高宗兩朝平滅西北的遠征突厥之役。

六四〇年，唐征服高昌，隨即在當地設安西都護府；至開元初年，其管轄範圍囊括了龜茲、于闐、疏勒、焉耆四鎮，已經深入今天的吉爾吉斯斯坦和阿富汗。原居中亞的粟特人（Sogdia，即唐人所稱的「昭武九姓」）大批入華，便是發生在這一時期。

儘管新興的吐蕃逐步取代了突厥，成為唐在經營西域時的大患，但雙方總體上仍是互有攻防。其間還夾雜著文成公主、金城公主入藏之類的緩和期，未曾形成晚唐時代狼煙四起的局面。

真正的劇變，仍是阿拉伯帝國崛起的影響。波斯薩珊王朝滅亡之後，阿拉伯帝國的東部邊界已經與吐蕃以及唐所籠絡的西域諸小國直接接壤，雙方摩擦不斷。至七四六年，倭馬亞王朝發生內亂，哈里發繼承權轉移到以巴格達為中心的阿拔斯家族之手，阿拉伯帝國進入了阿拔斯王朝（黑衣大食）時代。個中經緯，當時並未為唐人所詳知。

但在倭馬亞王朝後期，名義上向唐臣服的西域諸國時有首鼠兩端、同時歸附阿拉伯人的情況，令新任安西副都護、四鎮都知兵馬使高仙芝大感不滿。這位出生於高句麗的邊將挾新勝吐蕃和小勃律（在今喀什米爾北部）之利，於七五〇年出兵石國（今塔什干），引發了唐軍與阿拉伯騎兵之間的正面衝突。

七五一年七月底，兩軍在今天哈薩克斯坦的怛羅斯城附近對峙。高仙芝與副將李嗣業調用了安西都護府下屬二．四萬名正規軍中的兩萬人，皆帶陌刀、穿鎧甲，並配備有馬匹。另有約一萬名拔汗那國援軍和葛邏祿（Karluks）僱傭兵伴隨。阿拉伯軍方面，主將阿布．穆斯林（Abu Muslim）除去調集約四萬名呼羅珊人正規軍外，尚有大批附庸國軍眾同行（有記載稱人數在十萬以上）。中方將弁皆是百戰之師，單兵戰鬥力不俗，但馬匹素質無法與對手相比，且係勞師遠征（此時已深入中亞七百餘里）。而阿拉伯聯軍坐擁內線位置，自可從容應對。

激戰持續了四天四夜，到第五天傍晚，自覺以寡敵眾絕無勝算的葛邏祿後備軍突然反叛，將唐軍步兵與騎兵之間的聯繫切斷，阿拉伯軍隊則乘機鳴鼓突擊。高仙芝、李嗣業僅率數千人從亂軍中突圍而出，其餘兵將大半死於陣中。自此，唐在蔥嶺以西的勢力範圍大部落入阿拉伯帝國控制之下，形成了新的均勢。

阿拉伯史料所記怛羅斯戰役唐軍的傷亡、被俘人數在七萬人左右，唐人杜佑所撰《通典》的紀錄與此相近，被近世歷史學家認為大大超出了高仙芝麾下實際可動員的人數。對此役遭遇慘敗一事，唐人亦不曾隱瞞。

離奇的是，《舊唐書．高仙芝傳》對怛羅斯之戰完全不曾提及，僅在《李嗣業傳》下留下了「仙芝眾為大食所殺，存者不過數千」的紀錄。阿拉伯世界的諸種史書中，也僅有兩處文本提及這場大戰，未免過於低調。

誠如中西關係史研究學者王小甫教授所言，唐在蔥嶺以西的經營，出發點本為避免吐蕃與西突厥兩強合流、對中原核心區構成威脅；若這一威脅不甚顯明，則究竟當在安西四鎮投入多少財力和人力，完全可以根據現實需要做出調整。在空間區隔已經足以稀釋阿拉伯帝國的東進野心的情況下（更何況在怛羅斯戰役結束後不久，呼羅珊地區就爆發了反對阿拔斯王朝的叛亂），強行對此役的失利做出報復未免顯得過於靡費。

從七五三年新任安西副都護封常清攻破大勃律的情形推斷，唐在西域的軍事和政治存在並未因怛羅斯的失利就毀於一旦。真正帶來轉向的是安史之亂造成的中央政權控制力和財力下滑，使唐不得不放棄繼續經營西域。

八世紀末，安西四鎮最終遭到裁撤。以蔥嶺為界，唐和阿拉伯的勢力範圍在中亞實現了新的平衡。中亞的伊斯蘭化趨勢固然就此得到奠定，在怛羅斯被俘的唐軍匠人和文士卻也將造紙術、紡織術等中原文明傳播到阿拉伯世界，成為一種特殊的交流和融合方式。

在全球範圍內，四大帝國體系的勢力範圍和文明傳播邊界大致已經澄清。它們將繼續航向蒙古帝國崛起帶來的世界史劇變，直至現代文明的紀元最終破曉而出。

# 唐墓壁畫和盛唐風貌*

*本文作者為賈淼。

## 被揭取壁畫的唐墓約有六十座

陝西歷史博物館庫藏文物三十七多萬件，博物館在數量上多於它的，只有北京的故宮博物院和中國國家博物館。《唐墓壁畫研究文集》作者、陝西歷史博物館原館長周天游說，他一九九八年去臺北故宮博物院，和時任館長聊起各自館藏，對方曾半開玩笑說：「不服北京的故宮，也不服上海博物館，只有你們，我服氣，那是老祖宗地下留的好東西。」「他其實是想告訴我，陝西歷史博物館的館藏最有特點。」北京的故宮重宮廷收藏，上海博物館多傳世藏品，而陝西歷史博物館的館藏多是地下出土文物，其中就包括最有特色的唐墓壁畫。

壁畫是唐代繪畫藝術的一種主要表現形式。

《歷代名畫記》、《唐朝名畫錄》等書收錄二〇六位唐代畫家，其中有一一〇位參與過壁畫繪製，閻立本、吳道子、王維、周昉，這些著名畫師都在長安、洛陽兩都留下過壁畫畫跡，其中僅吳道子一人就作壁畫三百多堵。「唐代壁畫大致有三類：宮廷壁畫，包括豪門貴族宅院裡的裝飾壁畫，隨著宮樓殿堂被毀棄，它們也就蕩然無存了。宗教壁畫，留存下來的主要在石窟寺裡，題材為佛經故事。保存最好的是考古發掘出土的墓葬壁畫，多為宮廷畫師作品，藝術價值很高，我們現在看到的唐墓壁畫就是這類代表。」周天游說。

唐墓壁畫繪製在泥灰質地的牆面上，這種牆面厚度僅〇．二至一．五公分，質地脆弱易脫落，當溫度、濕度發生變化或者光照過度，顏色也極易褪變，所以揭取和保存的難度都很大，這也是多年來陝西歷史博物館未能將這些壁畫公開展示的原因。周天游說，陝西地區從一九四九年到現在，發掘了唐墓兩千餘座，只在九十餘座裡發現有壁畫，已經揭取的在六十座左右。目前陝西歷史博物館藏有其中五百四十幅，總面積一千多平方公尺，包括《宮女圖》、《客使圖》、《打馬球圖》、《狩獵出行圖》、《闕樓圖》等有代表性的珍品。

自一九五二年這些唐墓壁畫陸續出土後，半個多世紀裡，陝西歷史博物館只在一九九一年六月新館開放時展出過其中四十幅，那也是其間唯一一次公開展覽，直到二〇一一年位於陝西歷史博物館東展館的唐墓壁畫館落成後，公眾才終於可以看到壁畫的日常展示。這個壁畫館由中國與在壁畫保藏修復技術方面具有頂級水準的義大利合作建造，建築面積四千兩百平方公尺，總投資七千三百多萬人民幣。

〔唐〕陝西懿德太子墓出土的《闕樓圖》，藏於陝西歷史博物館。

## 壁畫呈現的唐代社會風貌

為了把生前所好和各種生活場景帶到冥界，唐代皇室貴族請人在自己墓葬中繪製的壁畫幾乎完全以現實生活為內容，墓主生前的社會地位、日常生活、等級待遇等都可據此來推斷，它們以非常直觀的方式提供了唐代社會尤其是上層社會的各種資料，史料價值很高。周天游認為，「唐前後的朝代也有墓葬壁畫出土，但在數量和藝術價值上都不能和唐墓壁畫相比」。

陝西歷史博物館所藏壁畫珍品，多數出自陪葬乾陵的章懷太子、懿德太子和永泰公主墓，也有部分是昭陵的房陵公主和金城公主的陪葬。章懷太子即唐高宗和武則天的次子李賢，六八〇年被武則天廢去太子位，四年後於貶謫地巴州被逼自盡。七〇六年唐中宗下旨以親王禮將他遷葬乾陵，七一一年唐睿宗追謚他為章懷太子。

李賢墓中壁畫規格較高，對唐代皇室生活場景做了成序列的生動紀錄：《客使圖》繪的是接見外域來使場面，在唐代這是畫家都熱中表現的政治生活主題，唐初閻立本就有絹本《職貢圖》和這相似，現藏於臺北故宮博物院。《客使圖》上，三位正在商量事宜的鴻臚寺官員顯得泰然自在，三位來使在拱手等待，周天游說，有專家根據服飾推測前兩位使臣分別來自東羅馬、新羅，最右邊那位應該是東北少數民族地區的靺鞨或渤海人。

鴻臚寺為唐代掌管民族、外交事務的宮廷機構，下設禮賓院，到長安朝見的外國或者少數民族來使都由鴻臚寺官員依照等級招待，走時還要禮尚往來，為來使準備好與進貢物品價值相當的回賜。

章懷太子墓中另有珍品《打馬球圖》和《狩獵出行圖》，記錄了皇室成員的娛樂場景。馬球是盛行於唐代的大眾娛樂活動，原名「波羅球」，隋唐前後從波斯經西域傳入，在皇室貴族中也很普及。馬球約拳頭大小，裡面用碎木填充，外觀塗朱紅色。此壁畫中，七個騎手手執球杖往來奔突，人、馬都氣勢迫人，山水布局也氣韻流動。《狩獵出行圖》更是長達十二公尺，繪了近五十個騎馬人物，畫中細節可見架鷹、帶犬，還有獵豹。博物館資料上介紹，唐朝用於狩獵的獵豹多為西域貢品，畫面中那些深目高鼻的騎士也是來自中亞的胡人，可見唐人和外域交往十分平常。

「章懷太子墓裡的《觀鳥捕蟬圖》、《侍女圖》，永泰公主墓裡的《宮女圖》，對唐代婦女的服飾、氣度都表現得極其生動，也表現了唐代婦女有比較高的社會地位。」周天游說。唐代崇尚胡裝和胡舞，在《狩獵出行圖》裡就有兩個唐朝騎士身著胡裝，女子更是以女著男裝和著胡服為時尚，唐詩中便有「胡音胡騎與胡裝，五十年來競紛泊」的描述。

永泰墓《宮女圖》中，站在最末的那個少女著裝為翻領左衽，長裙下露出窄褲，穿尖頭鞋，這是典型的胡婦裝扮。《觀鳥捕蟬圖》捕捉了三名宮女閒暇時觀鳥捕蟬的瞬間神態，中間的小宮女穿了男裝的圓領窄袖袍服，腰上繫黑帶，光采照人。

從已發現的資料看，唐墓壁畫中最早出現的男裝侍女形象見於唐高宗永徽二年（六五一年），武則天至唐玄宗時期則更加盛行。唐高宗時期的宮人均喜男裝，連公主也如此打扮。在高宗妹妹新城公主的墓葬壁畫上，已頻繁可見男裝宮女形象，有手捧書畫的，有秉持燭臺或包裹的，雖然身為侍女，也顯得氣度嫻靜，男裝在身卻毫無異態，可見這是平常裝束。

▲〔唐〕章懷太子墓出土的《狩獵出行圖》（局部），藏於陝西歷史博物館。
●〔唐〕章懷太子墓前室西壁的《觀鳥捕蟬圖》，藏於陝西歷史博物館。
▼〔唐〕永泰公主墓前室東壁南側的《宮女圖》，藏於陝西歷史博物館。

# 盛世風華：陝西歷史博物館唐代文物精粹*

*本文由楊效俊主筆。

## 鎏金銅鋪首

鎏金銅鋪首，直徑二五・八公分，環徑二〇・七公分，西安市唐大明宮遺址出土。鋪首圓形底盤邊緣一周聯珠紋，中心浮雕龍形獸面紋，獸口舌卷銅環。從出土地點推測鎏金銅鋪首是大明宮宮殿門上的構件。鋪首具有啟閉門扉或叩門的功能，不僅是含有驅邪意義的傳統建築門飾，而且有彰顯皇宮威嚴、皇家君臨天下的氣勢的意義。含元殿是大明宮的前朝第一正殿，是皇帝舉行慶典活動之所，也是長安城的標誌性建築。唐代詩

〔唐〕唐大明宮遺址出土的鎏金銅鋪首，藏於陝西歷史博物館。

人王維在〈和賈舍人早朝大明宮之作〉一詩中描繪了大明宮早朝的壯麗畫面：「絳幘雞人報曉籌，尚衣方進翠雲裘。九天閶闔開宮殿，萬國衣冠拜冕旒。日色才臨仙掌動，香煙欲傍袞龍浮。朝罷須裁五色詔，佩聲歸到鳳池頭。」宮人扣動金鋪首、開啟宮殿正門，迎來萬國來朝的朝會，也迎來大唐盛世。而經過安史之亂，大唐由盛而衰，晚唐詩人杜牧路過興慶宮，在〈過勤政樓〉中哀歎：「千秋佳節名空在，承露絲囊世已無。唯有紫苔偏稱意，年年因雨上金鋪。」曾經被頻繁開啟、扣動的宮門金鋪首如今無人觸動、布滿紫苔。

## 《客使圖》

《客使圖》，高一八五公分，寬二四七公分，乾陵陪葬墓章懷太子墓（神龍二年，七〇六年）墓道東壁。墓道東西壁的兩幅《客使圖》生動地表現了唐朝官員接待各國使者的情景。位於東壁的《客使圖》畫面構圖分為兩個單元，左側是三位唐朝官員組成的閉合的圓圈，右側是三位外國使者組成的開放的布局。推測三位唐朝官員為鴻臚寺官員，均著初唐時期的朝服，頭戴籠冠，身穿闊袖紅袍，白裙曳地，腰繫綬帶，手持笏板，足登朝天履，三人相對似在商議。後面三位外國使者均拱手躬身恭敬地站立，似在期盼、等待。為首一人禿頂鬈曲黑髮，高鼻深目，身穿翻領紫袍胡服，腰紮束帶，足穿黑靴，推測應是來自拜占庭帝國的使節。中間一人頭戴紅色鳥羽冠，身穿寬袖紅領白短袍，下穿大口褲、黃皮靴，推斷是來自朝鮮半島的新羅國使節。最後一位頭戴翻耳皮帽，內著圓領黃袍，外披灰藍大氅，下穿黃色毛皮窄褲、黃皮靴，應是來自中國東北寒冷之地的靺鞨族使節。據記載唐王朝曾與三百多個國家和地區互相交往。長安城內設有鴻臚寺、典客署、禮賓院等機構，專門管理和接待外國賓客和少數民族使節。

## 獅子紋白玉帶銙

獅子紋白玉帶銙（一副），西安市南郊何家村窖藏出土。何家村窖藏共出土十副玉帶，盛放獅子紋白玉帶銙的銀盒上墨書題記為「碾文白玉純方銙一具，一十六事並玉玦」。獅子紋白玉帶銙由方銙、圓首矩形銙（扣柄）、圓首矩形鉈尾、玉帶扣等總計十六件組成。其中大銙長五公分，寬三．八公分，厚一公分；方銙長三．八公分，寬三．六公分，厚〇．六公分；鉈尾長四．八公分，寬三．八公分，厚〇．六公分。十五塊帶板上碾琢了姿態各異的獅子十五隻。紋樣的雕琢方法為平面上斜刻剔地，再刻畫眼睛、鬃毛等細部。

從何家村窖藏出土的十副玉帶銙可推測它們的主人擁有高貴的身分和等級。隋唐時期建立了嚴格的章服制度，不同等級的官員，其革帶的質地與銙數各異。玉帶始終是唐代皇室貴族和三品以上官員專用的高貴物品。獅子紋白玉帶銙材質為來自西域的和田玉，紋飾所表現的獅子是漢代以來沿著絲綢之路傳入中土的異域動物，可見外來文明已經巧妙地融入了唐朝貴族生活。

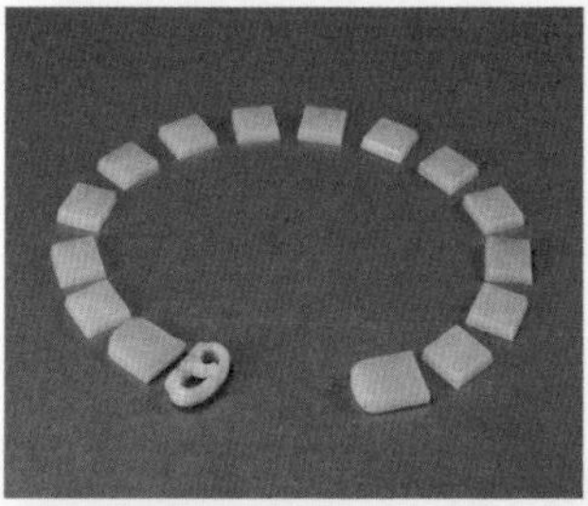

▲〔唐〕出土於章懷太子墓的壁畫《客使圖》，藏於陝西歷史博物館。
◀〔唐〕西安市南郊何家村窖藏出土的獅子紋白玉帶銙（一副），藏於陝西歷史博物館。
▶〔唐〕鄭仁泰墓出土的海獸葡萄鏡，藏於陝西歷史博物館。
▼〔唐〕西安市南郊何家村窖藏出土的鴛鴦蓮瓣紋金碗，藏於陝西歷史博物館。

## 海獸葡萄鏡

海獸葡萄鏡，直徑二一．三公分，漢中市西鄉縣出土。鏡的背面中央為伏獸鈕，弦紋高圈將鏡背紋飾分為內外兩區，內區以舒卷纏繞的枝蔓連接的葡萄紋為底紋，浮雕八隻姿態各異的海獸環繞鏡鈕；外區外緣凸起，裝飾一周卷雲紋，外緣以內區域一周以葡萄紋為底紋，其間裝飾刻畫細緻的海獸和飛鳥，奔跑、飛翔於葡萄枝蔓之間。

海獸葡萄鏡是在隋至唐初流行的瑞獸鏡基礎上發展而來的，但去掉了銘文和規矩刻板的圖案化裝飾，代之以新穎浪漫的海獸葡萄紋飾。禮泉縣昭陵陪葬墓鄭仁泰墓（麟德元年，六六四年下葬）出土的海獸葡萄鏡證明初唐時期海獸葡萄鏡已經出現，高宗至武周時期開始流行，是最早將高浮雕藝術使用在銅鏡上的作品，具有開創性和觀賞性。「海獸葡萄鏡」之名出自清代梁詩正等奉敕纂修的《西清古鑒》，這個定名為現代學者所廣泛接受。「海獸」是以獅子為原型，根據想像、結合諸種動物特徵合成的神獸，裝飾在銅鏡背面更是一種祥瑞符號化的表現方式；葡萄經絲綢之路傳入長安，它茂密的果實像徵著「多子多福」。海獸葡萄鏡鑄造工藝高超，鏡背多層次的浮雕裝飾錯落有致，具有立體感，飽滿富麗的風格不僅體現了盛唐時期繁榮富強的時代風貌，外來紋樣的海獸和葡萄融入銅鏡這種中國傳統工藝品，也體現了開放包容的大唐風度。

## 鴛鴦蓮瓣紋金碗

鴛鴦蓮瓣紋金碗，高五·五公分，口徑十三·五公分，重三九一克。西安市南郊何家村窖藏出土。何家村窖藏出土兩件造型、紋飾一致的金碗，是唐代金銀器的代表作。金碗敞口、鼓腹、喇叭形圈足，造型飽滿莊重。碗內外壁以多種中西方工藝裝飾精美富麗的紋飾，是典型的唐代藝術風格。金碗主體錘揲成型，圈足和碗體焊接而成，內外壁鏨刻多層次紋飾。金碗外壁滿布珍珠地紋，腹部錘揲出雙層仰蓮瓣，上層蓮瓣中分別鏨刻鴛鴦、鸚鵡、鴻雁、鹿等珍禽異獸，下層蓮瓣內刻忍冬花草。碗內底珍珠地紋上裝飾寶相花。

圈足底沿裝飾一周聯珠紋，內底流雲紋中刻一隻飛鳥。金碗壁面錘揲出蓮瓣的裝飾工藝直接受到粟特金銀器的影響，這種工藝起源於西元前六世紀地中海沿岸的希臘羅馬，傳播至西亞和中亞。活躍於絲綢之路的粟特工匠熟練地掌握錘揲工藝，製作出大量使用凸鼓多瓣紋裝飾的金銀器。

唐代隨著絲綢之路的繁榮，東西方文明交流互動空前繁盛，大量西方金銀器和金銀工匠進入內地，深刻地影響了中國金銀器工藝的發展。從金碗可見唐代金銀器已經完全吸收並掌握了外來工藝，以高超的工藝和巧思表現鴛鴦、蓮花、蔓草等唐朝人喜愛的吉祥紋飾，創造出符合唐朝人審美理念的精美器物。鴛鴦蓮瓣紋金碗閃耀著中西文明的光芒，代表著唐人的創新精神。

## 獸首瑪瑙杯

獸首瑪瑙杯，長十五・六公分，高六・五公分，口徑五・九公分，何家村窖藏出土。瑪瑙杯選用紅、棕、白三色相雜的瑪瑙製作，俏色紋理和杯體造型的巧妙結合使得瑪瑙杯輕盈飄逸，充滿動感。這種纏絲瑪瑙多產自西域。

瑪瑙杯整體似獸角狀，前端刻畫出牛形獸首，嘴部鑲金蓋，推測為飲酒器。

獸首瑪瑙杯的造型仿自西方傳統的角杯——來通（Rhyton），希臘的克里特島在西元前一五〇〇年已出現此種器物，是禮儀和祭祀活動中注神酒的聖物。來通傳入亞洲，廣泛流行於美索不達米亞至外阿姆河地帶的廣大區域，在西亞、中亞，特別是薩珊波斯（今伊朗）十分常見。在撒馬爾罕附近的片

〔唐〕西安市南郊何家村窖藏出土的獸首瑪瑙杯，藏於陝西歷史博物館。

〔唐〕乾陵陪葬墓永泰公主墓出土的三彩胡服女騎俑，藏於陝西歷史博物館。

治肯特粟特壁畫中出現獸首來通，其頭部造型為帶雙角的牛首，應體現了粟特式來通的造型特徵。新疆和田約特干遺址的考古發現證明，三或四世紀時來通傳入西域，六世紀來通開始在內地出現。從唐代以前的圖像資料來看，這種酒具常出現在胡人的宴飲場面中，如山西省太原隋開皇十三年（五九三）虞弘墓石槨浮雕有持角狀器於口邊的人物形象。據孫機先生研究，獸首瑪瑙杯的造型仿自粟特式來通，製作年代約為六世紀後期至七世紀前期，可能是在長安的中亞或西亞的工匠抑或是唐代工匠學習外來工藝後製作的。這種具有異域風情的飲酒器具融入唐朝貴族的日常生活，反映了他們開放豪邁的風尚。

## 三彩胡服女騎俑

三彩胡服女騎俑，高三十三公分，長二十七公分，乾陵陪葬墓永泰公主墓（神龍二年，七〇六年）出土。騎馬女子雙臂平舉，應在持韁繩駕馬。她的身姿幹練優美，頭梳高髻，身穿衣袖、腰身緊窄稱身的綠色胡服，胸前翻出紅色領。女性騎馬是漢唐之間社會風尚的一次巨大變化。漢唐時期絲綢之路帶來的重要文明成就是駿馬融入漢民族的生活。漢武帝為了提高騎兵的作戰能力，先後從西域的烏孫和大宛引入良馬，大宛汗血寶馬深得漢朝人們的喜愛，被稱為「天馬」。北朝時期北方游牧民族進一步將騎馬文化傳播至中原，隋唐時期騎馬成為軍事和社會生活中不可缺少的內容，不僅男性普遍騎馬，而且受到胡風影響，婦女騎馬成為一時風尚。

從初唐至盛唐的高等級墓葬中經常出土女騎馬俑，應當是當時現實社會女性騎馬風尚的真實寫照。騎馬女性的裝束從初唐到盛唐逐漸由遮蔽到開放，反映了唐朝逐漸開放的社會風氣和女性更加自由的精神氣質。李白的〈幽州胡馬客歌〉描繪邊地女性騎馬射獵的英姿：「……婦女馬上笑，顏如賴玉盤。翻飛射鳥獸，花月醉雕鞍……」張祜的〈集靈臺〉描寫楊貴妃的姊姊虢國夫人騎馬入宮的輕快和灑脫：「虢國夫人承主恩，平明騎馬入宮門。卻嫌脂粉汙顏色，淡掃蛾眉朝至尊。」可見盛唐時期女性騎馬風尚的普遍流行。

## 《樂舞圖》

《樂舞圖》，高二二三三公分，寬三九六公分，西安市長安區大兆街辦郭莊村韓休墓（開元二十八年，七四〇年）墓室東壁出土。墓主韓休（六七二～七四〇），字良士，是唐玄宗朝的名相，在《新唐書》、《舊唐書》、《資治通鑑》等史書中均有記載。其子韓滉繪有傳世名畫《五牛圖》。《樂舞圖》正對著墓室西側墓主人的棺床，描繪了庭院中的樂舞景象，風格輕鬆浪漫，氣氛喜樂圓滿，似在營造墓主人來世仍在享受歌舞的「樂園」意象。

畫面共繪有男女樂舞伎十四人，分男女兩組對稱構圖，左側為漢人女子，右側為胡人男子，相對歌舞。女子樂伎所執樂器有箏、箜篌、笙和拍板，與隋唐傳統漢族樂舞清樂（清商樂）相近；男子演奏的樂器有排簫、曲項琵琶、箜篌、篳篥和小銅鈸，與流行於盛唐的「胡部」樂相近。男女舞者相對舒臂而舞，從身姿可見在輕盈地旋轉，但是與胡旋舞高速旋轉、緊張激烈的舞姿不同，體現出唐朝貴族優美典雅的風韻。

▲〔唐〕出土於韓休墓中的《樂舞圖》，藏於陝西歷史博物館。
◀〔唐〕西安市西郊中堡村唐墓出土的三彩載樂駱駝俑，藏於陝西歷史博物館。

## 三彩載樂駱駝俑

三彩載樂駱駝俑，通高五六・二公分，長四十一公分，駱駝高四八・五公分。西安市西郊中堡村唐墓出土。唐三彩是一種低溫釉陶，因其釉料在燒製過程中自然變化而創造出瑰麗多彩的藝術效果。三彩載樂駱駝俑釉色鮮明亮麗，造型新穎生動。唐代工匠用浪漫的藝術手法將舞臺設置於駝背之上，彷彿在演奏一曲絲路上飄揚的樂章。七名男樂手頭戴黑色襆頭，身穿黃色、綠色、白色圓領束腰長袍，面朝外盤腿而坐，分別演奏笙、簫、琵琶、箜篌、笛、拍板、排簫。裙裝女歌者站於男樂手之中引頸歌唱，右臂舉至胸前，左臂下垂。樂團成員表情恬靜甜美，彷彿陶醉於演奏之中。

從樂器組合推測是在演奏開元、天寶時期的「胡部新聲」，即胡漢文化融合後的新舞樂。唐代段安節所撰《樂府雜錄》「胡部」條記：「樂有琵琶、五絃、箏、箜篌、觱篥、笛、方響、拍板，合曲時亦擊小鼓（銅）鈸子，合曲後立唱歌。」《新唐書》卷二二《禮樂志十二》記：「開元二十四年（七三六年），升胡部於堂上。」推測在唐朝正式允許「胡部」樂在宮廷殿堂演奏之前已經廣泛流行於民間，沿著絲綢之路傳入中原的胡樂胡舞深受唐朝各階層人們的喜愛。

## 鏤空飛鳥葡萄紋銀香囊

鏤空飛鳥葡萄紋銀香囊，外壁直徑四．六公分，鏈長七．五公分，重三十六克，西安市南郊何家村窖藏出土。法門寺地宮出土同類物品，與同出《衣物帳》石碑記載的唐僖宗供奉「香囊二枚重十五兩三分」對照而得知其名為香囊。香囊外壁為鏤空銀球，裝飾飛鳥紋、葡萄紋和忍冬花紋，以中部水平線為界分割為兩個半球，一側以鉸鏈相連，另一側以活軸相套合。下半部球體內設兩層銀製的雙軸相連的同心圓機環，內部承托半圓形焚香金盂。外壁、機環、金盂之間用銀製鉚釘鉚接，可以自由轉動。由於機環和金盂自身重力，無論如何轉動金盂總能保持平衡，香灰不外撒。它的構造原理與現代陀螺儀相同。香囊頂部有環鈕套接鏈條，上部有彎鉤以供懸掛香囊，可懸掛於室內，也可以隨身佩戴。

《舊唐書．楊貴妃傳》記載安史之亂後挖開楊貴妃馬嵬坡舊塚，發現「初瘞時以紫褥裹之，肌膚已壞，而香囊仍在」。由此推測楊貴妃佩戴的是這類金屬香囊。先秦時期即有熏香習俗，漢代發現大量熏香用具。隨著張騫鑿空西域，胡椒、丁香、迷迭香、安息香等外來香料沿著絲綢之路傳入中原，豐富了貴族生活。唐代熏香習俗更加流行，成為社會生活和宗教禮儀的重要內容，源自非洲、歐洲、南亞、中亞等地的大量香料通過陸地和海上絲綢之路傳入中國，使大唐文明散發著迷人的絲路芬芳。

〔唐〕西安市南郊何家村窖藏出土的鏤空飛鳥葡萄紋銀香囊，藏於陝西歷史博物館。

城市

# 長安：當年世界第一城*

種族與信仰不同的人都能在此和平共處，這與當日歐洲因人種及宗教而發生凶狠的爭端相較，成為一個鮮明的對照。

*本文作者為朱步沖。

## 函谷壯皇居

「秦川雄帝宅，函谷壯皇居。綺殿千尋起，離宮百雉餘。連甍遙接漢，飛觀迥凌虛。雲日隱層闕，風煙出綺疏。」唐太宗李世民一首〈帝京篇〉，以其君臨天下的豪邁雄壯氣魄，寫意揮灑的筆觸，描摹了唐代都城長安的盛景與氣派。

唐都長安的前身，是隋代初期宇文愷主持興建的大興城，《元和郡縣圖志》記載說：「隋氏營都，宇文愷以朱雀街南北有六條高坡，為乾卦之象，故以九二置宮殿，以當帝王之居，九三立百司，以應君子之數，九五貴位，不欲常人居之，故置玄都觀及興善寺以鎮之。」意即參照周易象數理論，比照乾符六爻，進行都城總體布局設計。

唐長安外郭城的範圍和位置，在一九五〇年代末、六〇年代初的考古發掘中已被探明。根據《隋書》、《唐六典》、《長安志》、《長安圖》、《類編長安志》、《長安志圖》、《唐兩京城坊考》諸書中的記載，長安城「東西廣十八里一百一十五步，南北長十五里一百七十步，周六十七里，其崇一丈八尺」。唐代的里程，大程是三百六十步為一里，小程三百步為一里；大尺十二寸，小尺十寸，唐代建築長安城用大程里和大尺折合計算後，外郭城牆的總長度已經達到三十六公里左右，這在一千三百年前，無疑是一件舉世無雙的宏偉工程。

根據今日考古學家的實體探測，龐大的唐代長安外郭城牆為版築夯土牆，平均高度在五公尺左右，城牆基寬約九至十二公尺，總長度將近三十三公里，累次疊築，逐漸加高。東西南北城牆基點分別位於今日西安市新開門村、胡家廟，西郊任家口村，南郊木塔寨村；外部擁有防護型城濠，寬九公尺多，深度四公尺，到了中唐後，逐漸被廢棄填平。唐長安城門建設比較完善，城門均包磚，增加了牢固程度，原因在於唐代已經有了拋石車等重型攻城武器裝備，單純的夯土城牆已經無法抵禦這些武器帶來的極大破壞力。在唐長安城的城牆上，皆築有環城一周凹凸形女牆用以加固防禦，其中南北城牆中段，各有一部分被利用為宮城以及大明宮的宮牆，因此被增高為三丈五尺，各城門處以及城牆各段，都有專門機構督促執掌衛士，不時進行修葺補築。

高宗即位後，國勢強盛，經濟實力不斷提高，長安原有低矮的城牆不僅有礙觀瞻，也無法應對北方游牧民族南下時的侵略與騷擾，因此對城牆進行大規模修繕加高勢在必行。為了突顯大唐之強盛，唐王朝於高宗永徽五年（六五四）對長安外郭城增修兩次；玄宗時期，也對長安城進行了大規模增修。經過數次大規模修建後，至開元年間，長安外郭城牆高度也為一丈八尺，五公尺左右。

西安古城安定門城樓箭樓是古城牆四座門中保存最完好的（攝於一九八○年代）。

整體布局上，隋唐長安城改變了中國自春秋以來，宮城位置在郭城一隅，官衙與民居混雜的布局，而將其置於城市中央，並在宮城之南修建專置中央衙署與禁軍機構的皇城，從而突出皇權與中央政府威權。唐長安城中宮城與皇城的全新格局，突破了以往都城僅有內城外郭的傳統格局，宮城在都城的北部正中，是帝王所居；皇城在宮城南部，集中了中央官署辦公機構。縱橫相交的路網把外郭城劃分為一○八個坊，設置居民區和市場區。

## 街衢繩直，自古帝京未有

長安城在整體布局上，嚴格地中軸對稱，如外郭地區，以東西中央的朱雀大街為中軸線，東西兩大區各自劃分為五十五坊加一市；皇城地區，以東西中央的承天門南北大街為中軸線。外郭城地區各設東西向十四街與南北向十一街，極端平直，「街衢繩直，自古帝京未有」。由此形成的方格狀坊里，除皇城正南三十六坊僅開東西兩門外，其餘坊里均設東西南北四向坊門，四周設坊牆。形制上也整齊劃一，皇城以南東西十列坊，南北長三百五十步；宮城東西兩側與皇城東西兩側十二坊，長度均為六百五十步；布局上也相應術數，皇城兩側南北排列十三坊，「象一年有閏」；皇城正南東西四列坊，「以象四時」；南北九坊，則取《周禮》「王城九逵」之制。

為了增強帝都治安，長安實行了嚴格的夜禁制度，宮城、皇城各門，郭城門以及坊市之門，根據在直通郭城門的六條大街上設立的街鼓，每日定時啟閉：夕陽西下，首先是承天門上暮鼓敲動，然後六街之上，街鼓緊隨其動，擂動八百聲，各門遂閉，行人禁行，所謂「六街鼓盡行人歇，九衢茫茫空對月」。夜禁之後，有騎卒巡街叫呼，武官巡查夜探，城門坊角，都設有武侯舖，內置衛士百人至五人不等，因公事或者吉凶疾病等急事者，必須持有府縣或者本坊的「文牒」才可出行。每年只有在三元放燈之夕，夜禁制度才臨時解除，各門大開，允許百姓市民出門觀燈，所謂「金吾不禁夜，玉漏莫相催」。

唐長安城的皇城和宮城位於大興城的北部，皇城和宮城東西三面相接。根據考古勘察，皇城南面第一條大街寬度有一二〇公尺，皇城東面第一街寬度為一三四公尺，皇城西面第一街因破壞嚴重，測得最寬處為六十八公尺，隋大興城建成時皇城和宮城牆已經建好。根據《長安志》的記載：宮城牆高三丈五尺，合今十．三公尺之高，由於皇城和宮城牆是在初建時一次修成的，因此，可以推測皇城牆應與宮城牆高度基本相同。皇城牆和宮城牆修建得極為堅固，隋唐兩朝前後數百年，都沒有對其進行過大規模重建。

一九八六年，考古工作者在今西安城甜水井街新開口處，成功發掘了位於皇城西南角的含光門遺蹟。含光門平面呈長方形，東西長三七．四公尺，南北寬十九．六公尺，有三個門道。在今天含光門博物館內，遊客可以清晰看到一段保存完好，擁有隋唐、五代、宋元、明清、近代五個夯土層斷面的

含光門門道北側遺址，印證西安城牆在隋唐皇城基址之上建造。

城牆遺蹟，以及唐代城牆過水涵洞。

宮城是全城設計的核心。唐長安城中共有三處宮殿群，太極宮承隋之舊，坐落在全城南北中軸線最北端，布設在都城北部正中「九二」高坡偏南的最高處，內有殿、閣、亭、館三四十所，建築韻律莊重嚴整，有威嚴的氣勢。太極殿巍峨高大，甘露殿「月宇臨丹地，雲窗網碧紗」，凌煙閣「畫閣凌虛構，遙瞻在九天。丹楹崇壯麗，素壁繪勳賢」，北面正門玄武門「城高鳳樓聳，場迴獸侯新」。四面共有城門十座，南面正門承天門上建有高大的樓觀，橫街是一個開闊宏大的廣場，唐玄宗常遊宴於此。衙署是都城的行政中心，當然以緊靠宮城最為適宜，故皇城被安排位於宮城正南的「九三」高坡之上。

在原有太極宮的東北，位於龍首原東趾「北

西安古城牆夜景。

據高原，南望爽愷」之地，是大明宮。最初名為大安宮，是太宗為了安置退位的太上皇李淵所置，高宗朝重新開始大規模修建，體現了高宗朝以降，加強皇權內廷勢力，削弱外朝的意圖。每逢元朔朝會，來朝者仰望玉座，若在霄漢，有一種拔地而起上接雲霄的氣魄。大明宮通過地勢的崇高、形體的巨大、環境的肅穆威嚴，將皇權至尊的觀念實體化。

自一九九八年起，開始對大明宮遺址進行規模宏大的普查與發掘工作，考古發掘探測的結果顯示，位於南宮牆的建福門東西寬度三十五公尺，南門長約十七公尺，擁有三個門道，從今天存留在探方裡的，寬度達六公尺的深色夯土層來看，高聳巍峨的城牆可達六至九公尺高。大明宮的太液池，分為東西兩池，西池水面面積達到了驚人的十四萬平方公尺，除了史料上記載的蓬萊島，太液池內還有兩座島嶼，在太液池周圍，考古工作者發現了大量青石製的廊柱礎石、步道，以及五件殘損的鴟尾，眾多的灰陶質獸面，蓮花紋方磚。

「這些發掘都證實了文獻中關於太液池邊景觀的描述，《舊唐書・憲宗本紀》說，太液池周圍廊廡四百間，南岸與西岸都有宮殿、水榭、樓閣。作為整個大明宮遺址的中心，今日的含元殿遺址已經探明擁有五十八個柱礎，每根殿柱直徑在七十公分左右，《大唐六典》中，記載含元殿『南去丹鳳門四百餘步，東西廣五百步，殿前玉階三級，每級引出一螭頭，其下為龍尾道，委蛇屈曲凡七轉』。探測查明，殿內兩列內柱間距九・七公尺，並與相鄰前後簷柱相距九・二公尺，形成十三間的面闊，五間的進深。」

由此可推算，含元殿大約東西長六十餘公尺，南北寬四十餘公尺，殿前有兩座閣樓式建築，翔鸞閣與棲鳳閣，在含元殿前東西兩側高臺上，既可南觀長安城坊市，也可北望宮城其他建築。

為了解決這座宏大都市中士庶百姓、皇廷貴族的生活用水、環境用水與水運，隋唐兩代王朝在擴建長安城的同時，充分利用了「八水繞長安」這一豐富的水源條件，分別從長安的東南西三面修建渠道，引水入城。長安城有細水穿流之餘，更有樹木成蔭，所謂「垂楊十二衢，夾道夭桃滿」，晉昌坊大慈恩寺前有水竹森邃，太極宮中有大片石榴林，東苑附近有梨園、櫻桃園與葡萄園，宮內水面往往是荷葉覆蓋，在二〇〇九年進行的考古發掘中，大明宮太液池中發現了一片淤泥，裡面居然有一大片完整的荷花葉根莖印跡，根據植物孢子粉測定，宮苑水池周圍還種植有大量的柏樹與柳樹，從而印證了唐代詩歌中關於長安「園林樹木無閒地」的敘述。

以太極宮為中心，整個長安城布局如同棋盤，街道縱橫交錯，著名詩人白居易在〈登觀音臺望城〉中，居高臨下，用「百千家似圍棋局，十二街如種菜畦」的詩句生動概括了長安城的格局。

在唐代長安的東南，擁有曲江池、樂遊原兩處自然形成的地貌，豐富了整體景觀。樂遊原延展於外郭城東南之昇平、新昌諸坊間，平均海拔四五〇公尺，位於昇平坊東北隅的樂遊廟海拔則達四八〇公尺，所以《長安志·唐京城》記載說：「樂遊原居京城之最高，四望寬敞，京城之內，俯視指掌。」無怪乎杜甫說「華誕勢最高，對酒平如掌」。因地處最高，極目四望，曲江一泓清澈的潭水泛著粼粼漣漪，坊里屋舍如層雲綿延，烘托著皇城與宮城高入雲霄的城闕。規劃布局把建築與交錯起伏的地貌完美統一在一起。

## 世界性格的都城

隨著城市功能性分區的誕生，長安出現了坊（居住區）與市（商業區）分隔發展的格局。長安之「市」分為東市和西市，是當時全國貿易中心，這裡商賈雲集，邸店林立，近代考古發掘顯示，東市南北長一千餘公尺，東西寬二十四公尺，面積為〇．九二平方公里。市的四周，每面各開二門，共八門。西市內四街寬十六至十八公尺，主要為車馬道，兩旁有排洩水溝，及一公尺寬的人行道。市中「四方珍奇，皆所積集」，周圍坊里居住有不少外商，從而成為一個國際性貿易市場。其中尤以中亞與波斯、大食的「胡商」最多。

唐都長安因此是七至八世紀時世界第一的國際性大都會，全盛時期大約一百萬的總人口中，各國僑民和外國居民大約占到總數的二%左右，僅是流寓在長安的西域各國使者就有四千多人。哥倫比亞大學歷史學教授卡林頓．古德里奇因此在《中國人民簡史》中感歎：「長安不僅是一個傳教的地方，並且是一個有世界性格的都城，內中敘利亞人、阿拉伯人、波斯人、韃靼人、朝鮮人、日本人、安南人和其他種族與信仰不同的人都能在此和平共處。這與當時歐洲因人種及宗教而發生凶狠的爭端相較，成為一個鮮明的對照。」

長安城既是唐王朝政治經濟的中心，也是唐代士人精英豪邁自信、積極樂觀的情懷的寄託與具體體現。無論是岑參的「花迎劍佩星初落，柳拂旌旗露未乾」，還是劉禹錫的「春明門外即天涯」，抑或駱賓王的「三條九陌麗城隈，萬戶千門平旦開。復道斜通鳷鵲觀，交衢直指鳳凰臺」，都展示了長安從一座具象城池向盛唐精神文化符號的過渡與昇華。

「天寶以後，長安景象，日漸衰耗」，安史之亂，終結了唐王朝中期的繁榮景象，地方藩鎮林立，李唐中央政府地位的衰落，導致這座壯麗的都城開始頻繁遭遇戰亂民變的蹂躪之災：廣德元年（七六三）十月，吐蕃兵入長安，唐代宗李豫出逃陝州，吐蕃「剽掠府庫市里，焚官舍，長安中蕭然一空」。唐僖宗中和三年（八八三）四月，黃巢起義軍退出長安，「焚宮闈，省市，居第略盡」，而前來勤王的諸道官軍軍紀敗壞，入城後對殘破的長安繼續「縱火焚剽」，導致長安「宮室居市閭里，十焚六七」。此後雖然經京兆尹王徽修復，但長安內外已是「荊棘遍城，狐兔縱橫」。此後，僖宗光啟元年（八八五）、昭宗乾寧三年（八九六）河中節度使王重榮、鳳翔節度使李茂貞分別率兵攻入長安，又大肆洗劫，迫使唐皇出逃。

最終，在昭宗天祐元年（九〇四）正月，身兼宣武、宣義、太平、護國四鎮節度使的朱全忠，在擊敗盤踞鳳翔的李茂貞後，勾結宰相崔胤，強迫昭宗朝廷與官署百姓遷都洛陽，將長安宮室、官署與民居全部拆毀，所得建材沿渭河漂流送走，這是身為六朝都城長安所遭受的最大浩劫。

朱全忠挾持昭宗遷都後，駐防長安的佑國軍節度使兼京兆尹韓建對殘破的長安進行了改建，史稱「韓建新城」，為日後五代各朝相繼沿用。為了便於軍事防守，韓建放棄了外郭城，改修皇城，使得長安城的建制大大縮小，新城面積僅五．二平方公里，是原長安城面積的十六分之一。這座「韓建新城」東西南三面城牆利用了皇城城牆，北面則以原唐代宮城城牆為垣，南面保留了原皇城的安上與含光兩門，改三門洞為單門洞；東西兩側只保留了中間的景風、順義兩門，北面則新開了一座玄武門；府衙所在的子城居中偏東北，順義門與景風門之間的大街貫穿全城，形成一條東西向的中軸線；而由承天門街北段、子城南面東西大街和安上門街北段所構成的折形街道，成為南北交通的主幹道。此後五代宋金元歷代，長安失去了中國大一統帝國首都和經濟中心的地位。

## 尾聲：青磚灰瓦包覆的西北重鎮

明洪武二年（一三六九）三月，大將軍徐達率領北伐大軍攻占元大都後，引兵西向，渡過黃河，攻占關中，於三月六日進據這座已經在歷史長河中退居二線的古都，改其名奉元城為西安府。西安府作為西北最重要的區域中心城市與軍事重鎮，是明軍向西北出擊，蕩平元朝殘餘勢力的首要基地，也是剛剛興起的大明王朝治理西北的行政中心。為了鞏固北部邊防，朱元璋的次子朱樉被封為秦王，駐守西安，作為藩王之首，有天下第一藩封之稱。宋元舊城狹小破舊，難以容納駐軍、官署以及藩王府邸與百姓宅邸商界等諸般設施，擴建勢在必行。

洪武初年，由於連年戰事，民力凋敝，朱元璋下令「秦用陝西臺治」，即秦王府城依託奉元城東北一隅的陝西諸道行御史臺舊址興建。這一選址決定了明代西安城的拓展方向——向東北拓展外城以便將秦王府環繞其中。這一工程一掃宋元時代城池的狹小侷促，奠定了明清時期西安成為西北政治、文化、經濟中心的堅實基礎，使得明清西安城的相當一部分一直留至今日。

作為一座軍事重鎮的明代西安城，其防禦體系之完備堅固，在今天依舊令人歎為觀止。明清之際五百餘年，西安城牆經歷了多次修葺。西安城的四座城門均為三重三樓建制，自內而外，分別為大城（主城牆）、甕城、月城，以及分別建於其上的正樓、箭樓、閘樓。作為西安城最外重的防護，月城又稱羊馬城，比甕城與主城城牆略矮約三分之一，緊鄰護城河，控制架設的吊橋。月城之後，是牆體與大城等高同寬的甕城，敵人若突破進入其中，會遭受來自正樓、主城、甕城箭樓與甕城環繞城牆四面的狙擊。明代中後期，由於各地農民起義此起彼伏，又增設了東西南北四座關城。由四城三樓，馬面、角臺、垛口等組成的明清兩代西安城防，在工業革命前冷熱兵器混合時代，確實達到了固若金湯、堅不可摧的程度。

一六四四年，清軍揮軍入關，定都北京之後，次年即攻克了西安這座西北重鎮，在前明疆域內，最早兩處擁有八旗駐防的城市就是西安與江寧。而雍正朝之前，全國八旗駐防地中設有將軍一職的，除了西安，只有盛京、江寧、廣州、杭州等九地，足見其戰略政治位置之重要。為了安置大批駐防八旗兵丁與家眷，從順治六年（一說二年）開始，清廷就在西安城東北興建城中之「滿城」，作為其集中屯駐防禦之依託。根據雍正年間編修的《八旗通志初集》，西安滿城的規模占據了大城面積的幾乎四十％，約為四．七平方公里，駐紮兵力為全國之首，雍正年間，滿城與南城所駐守滿漢八旗官兵多達八二二九人，大部分為馬兵。

滿城與南城的建造，再次使古都西安的城市結構空間產生了一次徹底改變，自明初以來形成的四隅獨立，以鐘樓為中心的四大街十字形城市格局，逐漸變為城市東西兩部相對隔離的形態：東西南北四條縱貫線大道僅餘兩條半，並重塑了剩餘城市空間的功能性與集中性分割。

愛爾蘭記者、攝影師、人類學家基恩（A. H. Keane）在《北亞和東亞》中描述說，西安是維繫韃靼斯坦、西藏和四川與帝國腹地貿易的要地，向甘肅運送陶器和瓷器、棉花、絲綢、茶葉以及小麥，接受蘭州的煙草、豆油、毛皮、藥材與麝香，寶石也通過這裡輸送到西藏與蒙古。庚子事變後，由於是慈禧與光緒皇帝行宮所在，除了食材、鮮花、皮革絲綢等，骨董珍玩字畫交易也逐漸勃興，「沿街京官車馬往來，已有京師氣象」。

明清時期，西安雖然已經失去了全國性首都與經濟中心地位，但身兼省城府城，以及長安、咸寧兩縣縣城，其城市規模除了北京、南京外，罕有其比。到了清代嘉慶年間，兩縣「在城坊」數量共計九十四座，但面積遠小於唐代規模，坊間不再有坊牆間隔，但設柵欄與柵門，街巷縱橫，其中包括由官府或士紳出資興修，由條石鋪砌的官街及泥土小巷，東西向一百二十七條，南北向八十三條，而拐形街道只有二十一條，深刻體現了西安城數千年來一以貫之的「方城正街」格局。

# 三城遊記：廣州、揚州與長安*

不妨把自己想像成一位從廣州上岸的旅人，一路向北方城市遊歷。你是喜歡異國情調濃厚的廣州，富庶繁華的「水城」揚州，還是具有宏偉莊嚴氣概的都城長安？

*本文作者為丘濂。

## 從南向北，人與物的流動線路

從唐朝開始，南方作為經濟與人口的中心，逐漸崛起。《哈佛中國史（三）世界性的帝國：唐朝》中提到，唐朝之前，「南方」在中國文學作品中常被描繪成遍布叢林、沼澤、瘟疫、毒草、野獸的危險奇異之地，是眾多貶黜官員一去不復返的流放之所。

雖然在唐代，南方仍然具有這些意象，但是「南方」一詞所指代的地域範圍已經越發向赤道移動。到了唐末，「南方」的概念，已經從漢代所指的長江流域變為了今天屬於福建、廣西和廣東的範圍。這一觀念上的轉變反映了漢人幾百年來持續南移以及他們帶來的地形景觀的改變。

在唐人的印象中，仍舊荒蠻的「南方」卻有一個例外，那就是嶺南唯一的都市廣州。廣州在當時被分為南海和番禺兩縣，唐人合稱為廣州。廣州建城歷史可以追溯到西漢趙佗建立南越國的時代。在盛唐晚期、八世紀末期，它一躍成為經濟繁榮、外商雲集的城市。這主要是由於陸上絲綢之路的衰落和海上絲綢之路的興起——七世紀開始，隨著阿拉伯帝國（中國人照搬鄰近波斯人的習慣，稱作大食）的東進擴張與中亞的伊斯蘭化，唐朝逐漸失去在西域的控制。

在發生於西元七五五年到七六三年的安史之亂之後，大食和突厥占領中亞，吐蕃勢力又深入了河西和隴右，陸路變得越發不暢通。與此相對，經過阿拉伯海、孟加拉灣和中國南海的海路更受到來自東南亞、南亞和中東客商的歡迎。受到季風驅動，以「冬季向南，夏季向北」的方向，晚秋或冬天的時候，中國的商船駛離位於廣州的港口，目的地可能是波斯灣的巴斯拉；西方的商船也在這時出航，漫長的航行後經過馬六甲海峽，在濕潤的夏季季風吹拂下，在廣州靠岸。

從廣州登岸的外國人或是外來物品，要繼續前往或者流向北方的城市，根據《撒馬爾罕的金桃：唐代舶來品研究》的作者薛愛華的考證，主要通過兩條道路。其中一條較多人使用的道路，是翻越梅嶺（又叫大庾嶺），由贛江到達洪州（今南昌），進入長江流域。這樣沿著長江而下，借助帆篷、槳棹或者在風力的推動下，就能到達另一個熱鬧的城市——揚州。

揚州的地位要歸功於它正處於長江和大運河相結合的優越的地理位置，從南方廣州以及長江上游益州（今四川）來的物產都彙集在這裡。隋煬帝利用舊有水系，修建了南起餘杭（杭州）、北到涿郡（今北京）的大運河。其中的邗溝一段便是在江都（今揚州）和山陽（今淮安）之間，連通了長江和淮河。

大運河在七世紀初就已經修建好，但揚州變得繁華要到八世紀才開始。這是因為八世紀唐朝人口和對物質的需求大幅增長，黃河流域的農耕產出已經無法滿足長安和洛陽兩京的需求了。新的需求既包括最基本的糧食，也有外來奢侈品。

薛愛華說，由於運河無力承擔繁重的糧食運輸，所經過的地區修建了臨時儲藏糧食的糧倉。但這依然不能緩解運河的壓力——象牙、龜甲、檀香木等珍貴貨物在漕運船上堆積如山，那些船隻最初設計是裝載糧食的。安史之亂後，唐王朝對南方運河更加倚重，此時運河成為保證口糧的生命線：王朝的東北部地區被獨立或半獨立的節度使控制，他們扣留進京稅糧，中原地區表示效忠的官宦和軍隊消耗了所有糧食，只有東南地區的、以大米為主的糧食可以輸出。

對於一位想要感受大唐風韻的外來旅者，只在廣州和揚州這樣新興的商業城市轉一圈，也許還不能滿足。歷史悠久的東都洛陽和西京長安是必去之所。

搭乘漕運船隻繼續北行，會先到達洛陽。洛陽是唐朝的第二大城市，也是一座美麗優雅的都城。武則天統治時期，改稱「神都」的洛陽是牡丹花的培育中心。花開的季節，皇宮、御苑和城郊都可以欣賞到爭奇鬥豔的牡丹花。

不過，和長安相比，洛陽還要遜色一些。日本的唐史研究者氣賀澤保規形容長安和洛陽的關係就像車輛的兩個車輪，互相補充完善。像是武則天那樣決心擺脫舊束縛，開拓新的政治局面時，洛陽會成為一個好的據點。而從唐朝歷史總體上說，洛陽是從屬性質，依附長安而存在。

於是外來者終究不能錯過長安，這座在隋朝「建築師」宇文愷的設計建造基礎上，成長起來的宏偉都城。要是在天寶年間（七四二～七五六）到達長安，可能在進城前有機會目睹一幅奇景：統治者在長安城以東的地方修建了一座人工湖。那些曾經在廣州海港閃現的外來貨品又會再次重逢，其中最頂端的奢侈品便通過水路網絡最終擺放在這裡的小船上，被當作貢品進獻給朝廷。長安在規模上和廣州與揚州的區別是一目瞭然的：長安的納稅人口將近兩百萬，廣州城是二十萬左右；長安的面積約七十二平方公里，揚州只有二十平方公里。

作為從南方門戶廣州進入大唐帝國的領土的旅人，從南至北，即使浮光掠影地遊歷，也能體會到主要城市之間的迥然氣質。而如果能夠深入了解，就會發現每個城市都有它迷人的一面。

## 廣州：異域風情的濃縮之地

雖然長安城裡的外國人數量更多，但是並沒有廣州那樣集中，並且外國人的面孔也不一樣。長安城裡主要是北方和西方的來客，像是突厥人、回鶻人、吐火羅人和粟特人；廣州城裡則是南方的林邑人、爪哇人和僧伽羅人。

相同的是，長安和廣州都有很多大食人和波斯人，在廣州尤其占有很大比例。廣州城較小，再加上外國人都生活在固定的區域，伴隨著那些遠道而來的奇珍異寶，對於漫步其中的人來說，異域風情撲面而來。

那種奇異的感覺是從港口開始的。廣州至今保留有一座伊斯蘭風格的光塔，據說有為航行照明和指示風向的作用。《羊城古鈔》記載：「每歲五、六月，番人望海舶至，以鼓登頂呼號，以祈風信。」光塔不遠的珠江邊上，就是隋唐時期停靠國外船隻的碼頭。

當時的人們根據船隻的來源，稱這些商船為「南海舶」、「崑崙舶」、「婆羅門舶」等。其中來自斯里蘭卡的「師子舶」驚人地巨大，可以裝載六、七百人，配置了信鴿，還拖有救生小船。另外一種波斯灣製造的獨桅三角帆船則頗為小巧。它用幾塊木板接合在一起，中間沒有用釘子，而是用椰子皮殼的纖維加以縫合，再塗上鯨油或者塗一層黑漆一樣的中國橄欖樹脂。

廣州城的空氣中充滿了芬芳。這樣的香氣源自城中點綴的植物——比如由海路流傳過來的波斯茉莉和印度茉莉，柑橘樹和荔枝樹也會散發出陣陣清香。香氣還來自那些源源不斷到來的珍貴香料。像是檀香、沉香、龍腦香、廣藿香、安息香和蘇合香，都通過中國南海運來，這讓廣州成為世界著名的香料市場。

唐代的皇室和貴族對於香料的渴望沒有止境。他們在寢室裡焚香，在腰帶上佩戴香囊，出行的車輦也要帶有香氣。並且用香並不是女性的專利，所以唐朝詩人章孝標會在〈少年行〉中用「異國名香滿袖薰」來寫一位年輕的軍人。一個誇張的紀錄談到貴族會把木質香材直接用於建築。《開元天寶遺事》中寫宰相楊國忠建造「四香閣」，「沉香為閣，檀香為欄，以麝香、檀香篩土和泥為壁」。

廣州城的格局和長安也不一樣。廣州是州城三重嵌套的結構：最裡面是牙城，有重兵把守節度使的住宅；外面一重子城裡，設有軍事管理和行政辦公的空間；最外是羅城，一般市民居住。唐代開元初年，城裡居民的房屋還都是就地取材的茅草和竹子搭建而成的，極易引起火災。

廣州都督宋璟極力推廣中原人用磚瓦造房的技術，將近一百年之後，廣州城裡的民房基本都變為磚瓦結構。還有一種很特別的用當地蠔殼來做填充物的房屋，框架仍然要用木骨架或者石柱。

唐代的城市要求執行里坊制，市民居住的每個坊（類似今天的社區），都有開關門時間，市場也要有開閉的時間段。對於長安這樣的首都，這種限制在唐末五代時期才慢慢鬆動。但在對外貿易活躍的廣州，這種制度很早就得到了突破。

根據學者陳澤泓考證，《全唐文》中有這樣一段話：「除供進備物之外，並任蕃商列肆而市。交通夷夏，富庶於人，一無所闕，車徒相望，城底洞開，於是人人自為，家給自足。」它說的是在西側城門之外設有「蕃坊」，蕃商在那裡居住並經營著生意。官方批准城門打開，城裡和城外互通有無。這種對商業的開放也進一步加快了城裡進行更多的商業布局：《唐律》說城裡「街道行肆邸店林立」，《太平御覽》說街道上生酒行「兩兩相列」，「皆是女人招呼」。詩人張籍有「蠻聲喧夜市」形容城內夜晚市場的喧譁。

從保護本國居民的角度，唐代對外國人和本國人之間的交往規定得比較嚴格。貞觀二年（六二八）頒布的一道詔令就規定了外來居民娶漢族婦女為妻或者納妾，就必須留在唐朝境內，這就最大限度地避免了有的外國人為了一時滿足而出現露水姻緣。

太和年間（八二七～八三五）的《投荒雜錄》上最早出現「番坊」（後人都用蕃坊）一詞，至開成元年（八三六）盧鈞出任廣州刺史，下決心徹底解決蕃漢雜居「相誘為亂」的情況，蕃坊的概念更為明晰。廣州的蕃坊是以光塔和旁邊的清真寺廟懷聖寺為中心的。今天廣州的這片區域裡仍然沿用了當年外貿特色的街名，像是瑪瑙巷、象牙街，還有根據阿拉伯語翻譯的大食街、詩書街（由獅子街諧音而來）。

蕃坊裡實行僑民自治原則，地方官員通過蕃長來實施管理。學者范邦瑾說，蕃長並非唐朝的正式官職，新、舊唐書《職官志》中都沒有記載。所以他推測，蕃長可能來源於《宋高僧傳》中所寫的蕃客大首領。阿拉伯人有選舉首領的傳統，蕃客便會推選出這樣的人選。

蕃坊正式形成後，蕃長需要經過唐王朝的批准認可。地方官員中掌管海關的市舶使和蕃長的關係最為密切。蕃長要協助市舶使進行「籍名物，納舶腳，禁珍物」的工作，也就是檢查舶來品的種類和數量，收取關稅，如果是特別稀罕之物，則由官方壟斷買賣。

阿拉伯人蘇萊曼所留下的遊記中，便寫到唐朝皇帝會直接派宦官到廣州，以高於市價兩倍的價格進行收購。市舶使的職位十分關鍵，又是個有利可圖的「肥差」，因此該人選是否清廉可靠關係到外商的信心和廣州貿易的活躍度。八世紀開始的一段時間，朝廷的宦官開始壟斷這一職位，以至於從廣州流向北方的奢侈品出現中斷。杜甫的兩首詩中，就分別有「南海明珠久寂寥」和「近貢生犀

廣州在唐朝時有蕃坊，外國人都聚居在那裡，和今天在廣州的外國人喜歡群聚生活一樣。（張雷攝）

翡翠稀」來描述貿易的蕭條。這種狀況直到七六九年一位廉直的地方官員上任才得到好轉，廣州貿易額瞬間增加了十倍之多。

蕃坊之中，各國僑民依照各自的風俗信仰生活。由於僑民以阿拉伯人和波斯人為主，伊斯蘭教最為強盛。蘇萊曼說：「蕃長每星期必有數日專與回民共同祈禱，朗讀先聖戒訓。終講時，輒與祈禱者共為回教蘇丹祝福。」由此可以想像，蕃坊中經常迴盪著穆斯林教徒們誦經禱告的聲音。

對此，薛愛華形容道：「印度來的佛教徒安靜地居住在他們自己的寺院裡，院子內的池塘裡點綴著芳香的藍睡蓮……」

## 揚州：富庶繁華的「水城」

對於從內陸來到揚州的人來說，唐代揚州給人的第一印象應該是它水上都市的樣子。它不僅是唐帝國最大的水陸交通樞紐，有襟江（長江）、控河（大運河）、距海（東海）的優勢，同時它的城市中也有密布的河網。官河、七里巷河和護城河是幾條較寬的水道，另外還有一些細窄的河道只容得小舟通過。

學者李伯先說，唐詩中涉及揚州的有一百多首，幾乎每首都提到了水。岑參寫「君家舊淮水，水上到揚州」；羅隱說「入廓登橋出廓船」；杜荀鶴講「青春花開樹臨水，白日綺羅人上船」。可見當時揚州的交通是「無船不行」的。

水多，自然而然橋就多，這是揚州的另一道特別的景觀。杜牧的詩中寫：「二十四橋明月夜，玉人何處教吹簫。」那二十四座橋是真實存在過的，沈括的《夢溪補筆談》中詳細記錄了它們的名字和位置。

揚州城處處顯露出富裕殷實的氣息。和廣州一樣，它發達的經濟一部分來自外貿，另一部分則是本地的商業和手工業。鹽商是當地最為重要的商業勢力。鹽有池鹽和海鹽之分。池鹽取自內陸湖水，但產量少、受季節影響大，隋唐開始便不能滿足北方日益增長的人口需求。揚州所在江淮地區出產的海鹽便取代了池鹽的地位。

在劉晏（七一八～七八〇）擔任鹽鐵使期間，他進行了鹽法改革。原本製鹽在民間，但之後的收購、運輸和銷售環節都由官府控制。他則推出了一種官民分銷的制度，改成民製、官收、商運、商銷，這就促成了揚州地區鹽商的崛起。白居易的〈鹽商婦〉就寫了一位「揚州小家女」，嫁給鹽商之後，「終朝美飯食，終歲好衣裳」的生活。

鹽商之外，茶商也是一支雄厚的力量，揚州是江淮茶葉的總集散地。揚州城裡的富商巨賈，多從這兩個群體中產生，他們居住在豪華的宅院裡。《太平廣記》裡記載有一位叫周師儒的商人，「其居處，花木樓榭之奇，為廣陵甲第」。

揚州的手工業聞名全國。這裡的能工巧匠能製造大型器物，也同樣可以打造出小巧玲瓏的工藝品。學者諸祖煜舉了個例子。唐中宗（七〇五～七〇九）時，揚州進獻過一面巨大的銅鏡。皇帝每次騎著馬照鏡子，能讓馬和人都在鏡中。這種銅鏡不是一次就可以澆鑄成型的，要準確掌握合金比例，並保證鏡面的光潔度，工匠技藝之高超可見一斑。

與此相對，揚州工匠製作小巧之物也不在話下。日常生活中使用的小銅鏡，揚州工匠就對形制和裝飾不斷推陳出新。除保留圓形和少數方形以外，又創造了方形圓角、亞字形、葵花形、菱花形。紋飾則有蝴蝶、蜻蜓、孔雀、鵲鳥、鸞鳳、盤龍、獅、十二生肖、八卦、葡萄、卷草、寶相花、卍字等，千變萬化。

一九八〇年代，揚州市的一處工地出土了一批金飾。其中一把用於梳頭的金櫛上有一對圖案靈動的奏樂飛天，精巧程度讓人歎為觀止。尤其值得一提的是，揚州工匠生產出來的不光是供應朝廷和富有階層的奢侈品，普通民眾平時需要的必需品種類也很豐富。比如一種厚實耐用的氈帽，就非常受大眾歡迎。安史之亂後，一批北方的工匠來到揚州，更讓此地的手工業走向巔峰。

經濟寬裕之地必對食物有所要求，何況揚州雲集了南來北往的客商，這都促進了餐飲業的發展。揚州城是子城和羅城組成的兩重城，子城裡是揚州大都督府的官衙，羅城裡就是工商業區和居住區。

林立的食肆多分布在道路交叉點處，或水路橋頭一帶。二十四橋將羅城分為六十餘坊。小市橋附近置「小市」，在開明橋附近置「大市」，這些地方都有酒樓茶館的存在。學者見世君說，日僧圓仁於唐文宗開成三年（八三八）七月抵揚州，停留期間親身體驗了揚州餐飲業的興旺，發現「街店之內，百

揚州處於長江和大運河相結合的位置，地理優勢明顯。（視覺中國供圖）

種飯食，異常彌滿」。

有意思的是，今天揚州菜偏甜的口感可能就是在唐朝時奠定的基礎——《唐會要》卷一百說：「西蕃胡國出石蜜，中國貴之。唐太宗遣使自印度摩伽陀國取其法，令揚州煎蔗之汁於中廚自造焉，色味逾西域所出者。」這講的便是揚州模仿試製蔗糖成功，味道還在西域之上。

《唐大和上東征傳》說，鑒真從揚州赴日攜帶的物品就有甘蔗八十束，石蜜、蔗糖等多斤。揚州的氣候適合甘蔗生長，這說明到了鑒真時代，蔗糖已經能穩定生產。根據《新唐書．地理志》所說，在蔗糖被製作出來後，揚州開始向朝廷進貢糖螃蟹和蜜薑，本地點心小吃也有了多樣化的可能。在古代，無論中國還是西方，蔗糖一開始的稀有性，都讓它成為財力和身分的象徵。如果在唐代揚州，你有幸嘗過一口甜蜜，那必定也是富貴的滋味。

如同在「天高皇帝遠」的廣州，坊市制度在揚州也很早就出現鬆動，大約發生在唐玄宗執政的開元、天寶年間。學者諸祖煜論證，這種鬆動體現在三個方面：首先，是坊市分離的體制被突破，穿城而過的官河岸邊出現了一條民宅和商店錯雜相連的步行街。這條長街在唐詩中多有印證：韋應物詩「華館十里連」，張祜詩「十里長街市井連」，杜牧詩「春風十里揚州路」，都應該指這條縱貫城內南北向的商賈輻輳的大街。

其次，是坊市的封閉性也發生了變化，《舊唐書．杜亞傳》寫「僑寄衣冠及工商等，多侵衢造宅，行旅擁弊」。這樣的現象並未遭到當局的嚴格制止。

最後，是坊市制度在時間上的限制被打破，夜行逐漸增多，夜市也興盛起來，杜牧每晚出沒於倡樓之間。如詩人王建〈夜看揚州市〉中所說：「夜市千燈照碧雲，高樓紅袖客紛紛。如今不似時平日，猶自笙歌徹曉聞。」

諸祖煜認為，雖然唐朝後期，在長安、洛陽兩地部分坊中也出現了工商業，但都是稀疏、散落的。揚州在官河旁邊的街衢形成了與「市」分庭抗禮的局面，預示著宋代以後開放式街巷體制的到來。

## 長安：帝都氣象

長安城的城門和坊門具有嚴格的開門和關閉時間，每日以擊鼓為信號。宵禁制度一直到唐代後期才出現動搖。那時候要是你不巧晚上才到達長安，那就只有第二天再進城了。這樣苛刻的坊市制度是為了保證帝國政治中心的絕對安全。假如你在廣州和揚州已經過慣了自由隨性的生活，來到長安勢必要做適當的調整。

從走進長安城的那一刻，你便不得不感歎它作為帝國首都所具有的規整設計和寬闊布局。它由宮城、皇城和郭城三部分組成。北面的宮城是皇宮所在地，宮城南面的皇城裡面是中央政府的衙署，位於宮城東、西、南三面的郭城裡分布有官民住宅和工商市肆。郭城的街道全部橫平豎直，將居住區域分成一共一〇九個坊，如棋盤一般。中軸線上是朱雀大街，從郭城正南的明德門一直通向皇城的朱雀門，它的寬度達到一五五公尺（要知道北京長安街最寬處才一二〇公尺）。槐樹是長安城中的主要樹種，朱雀大街兩側就栽有亭亭如蓋的槐樹，還有個名字叫「槐街」。街道上有很多行人、馬匹和馬車。學者于賡哲提到，唐代的文武官員都騎馬，還有的會乘坐肩輿——一種類似四川地區滑竿的坐具。

長安城的住宅按照「東貴西富，南虛北實」的特點分布。唐玄宗時將皇室從東北部的大明宮遷到東部的興慶宮，之後唐肅宗時，又遷回大明宮。兩片宮殿區均在東部，所以唐朝貴族和官吏的住宅不斷由長安城西部向東部轉移。于賡哲還說到唐代人有一個居住的理念：由於長安城地勢東部比西部高，為避免濕氣，長安人會選擇地勢高處建造住宅。正是因為東部人口稠密，所以東市幾乎沒有空房出租，這樣就使得西市比東市還要繁華。這大概是由於富商巨賈多集中在長安城西。至於「南虛北實」，講的是長安城北部住房人口較密集，南部比較稀疏。宮城、皇城和市場都在靠北部的位置，而長安城太過宏大，南邊有大片土地有待開發。

長安城的住宅並不便宜。很多進京考試的士子，付不起旅館錢，只好寄居在寺廟裡。他們會「隨僧洗鉢」，寺院則收取低廉的住宿費用。

詩人白居易的購房經歷或許說明了在長安擁有一套屬於自己的宅第有多麼艱難。學者楊清越談到，白居易在貞元十六年（八〇〇）進士及第，十九年（八〇三）授校書郎之後，租住在常樂坊。而白居易能夠自己買房，是在長慶元年（八二一），也就是十八年後。他在新昌坊買的房子，用的是外放五年做官的積蓄，總共花了

遊客來到西安尋訪唐朝長安城留下的遺蹟。（張雷攝）

二、三十萬錢，約合絹二、三百匹——白居易被貶官之後先後做過江州司馬和忠州刺史，唐朝後期外官比京官俸祿要高。不過新昌坊比起長安城東南部一個新興的文官社區昇平坊還是要差很多。昇平坊地勢高景致好，井水也清冽甘甜。新昌坊的位置有點偏僻，白居易形容，屬於「省吏嫌坊遠，豪家笑地偏」。從古至今，地段都對房價影響很大，他不由得安慰自己：「莫羨昇平元八宅，自思買用幾多錢。」

有一些人來到長安，是為了能面見唐朝的天子，比如那些遠道而來的使臣。鴻臚寺是唐朝設置的一個重要官署，掌管唐朝皇室成員的喪葬事宜和接見、款待外國客使相關事宜。他們多會把使節安排在鴻臚寺下設的鴻臚館中居住，鴻臚館在從宮城含光門進入之後向東的位置。朝見的會面中，當屬冬至那天為屬國藩王召開的朝會最為盛大。學者薛愛華根據資料還原了那一天的情景：大殿前的左右廂排列著十二列儀仗衛隊，其中有刀手、戟兵、矛兵、弓手等。每一列儀仗衛士都披著豔麗奪目、色彩各異的大氅，而且每一列隊伍都有相應的旗幟——鸚鵡或孔雀羽毛做的三角旗，或者是刺繡著野驢和豹子的旗子，還有刺繡著其他象徵勇敢的動物的旗幟。使臣先要跪拜，然後把貢品放在大殿之上。在唐朝官員的低聲指點下，他們要說「某國蕃臣某敢獻壤奠」。皇帝繼續莊嚴端坐，緘默不語，禮物由有司官員以皇帝的名義接下。作為回報，皇帝會給予使臣所代表的國王以相應的官銜，它徒具虛名卻聽起來讓人感覺十分榮耀。比如來自印尼室利佛逝王室的使臣進獻完畢之後，唐玄宗宣稱：「可遙授左武衛大將軍，賜紫袍金鈿帶。」

即使居住在長安，普通人要想見到天子也並非易事。郭城的東南角有一處皇家園林芙蓉園。由《太平御覽》關於園圃的章節可知，園中有蜿蜒曲折的廣廈修廊，又有修竹茂林、涼堂和臨水亭等。青林重覆，綠水瀰漫，芙蓉盛開的季節便美麗異常。唐玄宗為了他和其他王室成員能隨時來這裡觀賞，同時不被百姓窺見，特別沿著長安郭城東牆修築了一道從興慶宮直通芙蓉園、寬約二十三公尺的夾道。杜牧詩句「六飛南幸芙蓉苑，十里飄香入夾城」寫的就是玄宗自夾城通往芙蓉園遊幸的場景。

芙蓉園旁邊的曲江池，則既是皇家鍾情的遊宴之選，也是一處對普通人敞開的風景勝地。唐朝的長安城會讓人覺得溫和濕潤，這是因為城裡有幾條人工開鑿的水渠，還有曲江池這樣寬闊的水面。曲江池旁邊種有許多杏樹，春天雪白的杏花結滿枝頭，便有大型的賞花活動。「上巳曲江濱，喧於市朝路。相尋不見者，此地皆相遇。」這首名為〈上巳日〉的詩歌便是描寫農曆三月長安城中百姓來到這裡踏春遊賞的盛景，乃至平時在城裡見不到的朋友，都會在這一天在曲江池畔相遇。進士放榜也是在這個時候。孟郊一首〈登科後〉的詩篇，留下不朽的名句「春風得意馬蹄疾，一日看盡長安花」。這是千里迢迢來到長安的士子們，心情最為酣暢淋漓的時刻。

# 唐詩與酒文化

# 言有盡而意無窮：唐詩與傳奇*

那時的詩人，無論見面、離別，宴會、遊邊、隱居，都要寫詩。

*本文作者為艾江濤。

## 新體式與新制度

開元年間的一天，下著小雪，詩人王昌齡、高適和王之渙一起到一個叫旗亭的地方喝酒。此時酒樓上正有十幾位伶人表演，三人一邊擁著火爐欣賞，一邊祕密約定：「我們都以詩齊名，一直難分高下，今天正好可以悄悄觀看眾人表演，如果誰的詩被唱到最多，則為優勝。」

不一會兒，有歌伎唱道：「寒雨連江夜入吳，平明送客楚山孤。」王昌齡便在牆上畫道：「一絕句。」很快，又有歌伎唱道：「開篋淚沾臆，見君前日書。」高適也在牆上畫道：「一絕句。」下面的歌伎接著唱道：「奉帚平明金殿開，強將團扇共裴回。」

當王昌齡在牆上畫到「二絕句」時，一旁的王之渙坐不住了，他指著其中最漂亮的一位歌伎說：「前面幾位庸脂俗粉，所唱不過下里巴人曲子，如果她演唱的還不是我的詩，我就拜你們為師。」果然，接下來的歌伎所唱「黃河遠上白雲間，一片孤城萬仞山」，正是王之渙的名作，眾人於是笑作一團。

這是一則記錄在中唐文人薛用弱傳奇小說集《集異記》中的逸事。或許再沒有比這樣的情景，更能說明唐詩的興盛還有傳奇的特點了。有唐一代，詩歌、傳奇，並稱奇作，達至後人難以企及的高度。

「熟讀唐詩三百首，不會吟詩也會吟。」長期以來，唐詩已成為人們審美想像的某種標竿。詩歌為何以唐為盛，或者說，最好的詩歌為何會出現在盛唐？除了詩學內部的因素，葛曉音將其總結為：「盛唐之所以令詩歌恰逢其時，是因為這是一個情感超過思理的時代。盛唐詩人對於詩歌雖有自覺的追求，卻沒有系統理論的約束；對於時代雖有認真的思考，卻沒有深刻的理性思辨。熱情、爽朗、樂觀、天真、富有幻想和進取精神——盛唐詩人所有的這些性格，乃是屬於純詩的品質，因而最高的詩必然出現在盛唐。」

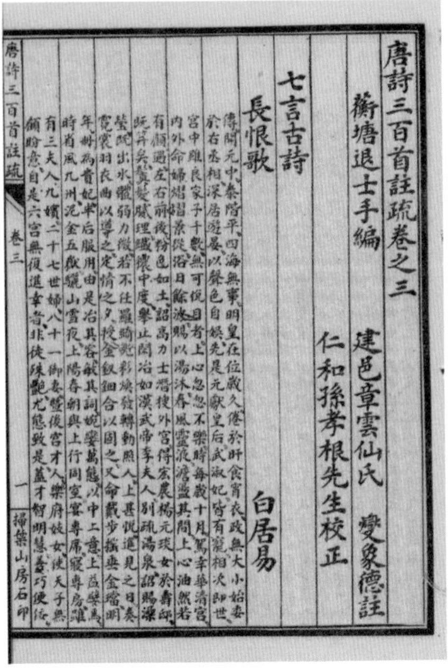
唐詩三百首註疏卷之三
蘅塘退士手編　建邑章雲仙氏　燮象德註
仁和孫孝根先生校正
七言古詩
長恨歌　白居易
傳開元中泰階平四海無事明皇在位歲久倦於旰食宵衣政無大小始委
於右丞相深居遊晏以聲色自娛先是元獻皇后武淑妃皆有寵相次即世
宮中雖良家子千數無可悅目者上心忽忽不樂時每歲十月駕幸華清宮
內外命婦熠燿景從浴日餘波賜以湯沐春風靈液澹蕩其間上心油然若
有顧遇左右前後粉色如土詔高力士潛搜外宮得弘農楊元琰女於壽邸
既笄矣鬒髮膩理纖穠中度舉止閑冶如漢武帝李夫人別疏湯泉詔賜澡
瑩既出水體弱力微若不任羅綺光彩煥發轉動照人上甚悅進見之日奏
霓裳羽衣曲以導之定情之夕授金釵鈿合以固之又命戴步搖垂金璫明
年冊為貴妃半后服用由是冶其容敏其詞婉孌萬態以中上意上益嬖焉
時省風九州泥金五嶽驪山雪夜上陽春朝與上行同室宴專席寢專房雖
有三夫人九嬪二十七世婦八十一御妻暨後宮才人樂府妓女使天子無
顧盼意自是六宮無復進幸者非徒殊豔尤態致是蓋才智明慧善巧便佞
唐詩三百首註疏　卷三　一　掃葉山房石印

清人蘅塘退士編撰的《唐詩三百首註疏》，成為近世最流行的唐詩選本。

即便如此，唐詩並非一出世便不同凡響，為開元、天寶年間詩壇的繁榮，它足足準備了百年之久。這一被稱為初唐的時期，雖然也有「四傑」、陳子昂這樣少數的革新者，但它仍屬於宮體詩的時代。

南北朝時期，詩歌代表的美學成就已成為一個新的社會精英階層的標誌，北朝以扣留出使的南朝詩人表達這種文化上的欽慕，當時的大詩人庾信、王褒、徐陵都是例子。這種軍事上的強勢、美學上的弱勢，一直延續到唐太宗以後的皇帝。作為宮廷娛樂活動的重要內容，宮體詩的興盛不難理解，用學者吳光興的話說，初唐前三十年詩人的典型特徵是，「腦袋都被徐陵摸過」。

然而，一個世紀的時間並未浪費，正是宮體詩為後來被稱為「唐詩門戶」的律詩這樣一種新體式的最終確立，奠定了基礎。律詩體式的確立，被一些學者認為是唐詩興盛最為核心的內因。吳光興說：「站在文學史的本位看，因為唐人發明了律詩的體制，唐代雖然滅亡一千多年了，人們寫古詩還是要用這套東西。」

當然，這一體制的建構更為漫長，從建安時期寫詩注重對句，到南朝齊武帝永明年間發明「四聲」，到後來的調平仄、三部式結構，一直到八世紀初，律詩才由唐中宗時期的宮廷詩人沈佺期、宋之問確立。美國著名漢學家宇文所安在他的著作中，敏銳地發現了這種律詩寫作的三部式結構——頭兩句介紹事件、中間寫對句、結尾表達旨意，與宮體詩寫作的內在聯繫：「在宮體詩中，對偶句是詩體的興趣中心。『對屬能』是迅速作詩的首要必備條件，一旦掌握了這一技巧，朝臣們就能很快寫出中間部分，把精力用來寫出精巧的結尾。」

這種富有規則感的寫作模式，聽起來似乎是對想像力的侮辱。其實不然，正因為有了法度，詩歌寫作變成可以快速習得的技能，隨著寫作群體的擴大，才能超拔者自然不再受到法度的限制。

事實上，唐人正是這樣學習寫詩的。在《舊唐書》中記載了一次有趣的家宴，宴會上，大家玩起了用四聲詠物品的遊戲，結果不等大家發言，四歲的楊綰便指著鐵燈樹說「燈盞柄曲」，一時震動。

儘管如此，在初唐這樣一個門閥制度尚存的時代，詩歌依然帶有濃厚的貴族文學的特點。如何讓它與更廣泛的人群發生關係，便需要新制度的支持。這便是隋代創立、至唐已發生變化的科舉制度。

唐高宗永隆元年（六八〇），詩歌寫作被引入了進士考試。在當時，做官最主要的途徑依然是世襲，科舉制度不過是面向寒門和大家族的遠支開放了一條上升通道。據陸威儀在《哈佛中國史（三）世界性的帝國：唐朝》唐代卷的統計，整個唐代，只有十%的官員通過科舉選拔而出。儘管如此，張說、張九齡這兩位玄宗朝的宰相，盛唐詩壇最主要的扶持者，正是科考出來的寒門子弟。

與之後科舉制度不同，唐代科考有所謂「溫卷」的傳統。宋人趙彥衛在《雲麓漫鈔》中的一條紀錄，「唐世舉人，先借當世顯人，以姓名達之主司。然後以所業投獻，逾數日又投，謂之『溫卷』」，被普遍認為與唐代詩歌和傳奇的興盛密不可分。汪辟疆在《唐人小說》的序言中便據此議論：「如《幽怪錄》、《傳奇》等皆是。蓋此等文備眾體，可見史才、詩筆、議論。至進士，則多以詩為贄。」儘管後來學者已論證趙彥衛的記載並不準確，但無可置疑的一點是，唐傳奇的傑作多出自進士之手。

對舊詩歌秩序最後的致命打擊，來自玄宗在七二二年發布的詔令。這條詔令禁止諸王招攬大量賓客，如宇文所安所說，這無疑結束了宮體詩的一個重要支持根源，也關閉了在京城獲得詩歌聲譽的舊途徑。

在新的體式與制度之外，不應忽略宮體詩反對者的貢獻。陳子昂的批判是當時詩壇的一股清流，所謂「彩麗競繁，興寄都絕」，就是說那些採用新體寫作的宮體詩，雖然文辭華麗，但並沒有什麼個人的主意。綺麗的句子，風格化的寄託，加在一起，就是浮現在地平線上的盛唐詩歌。

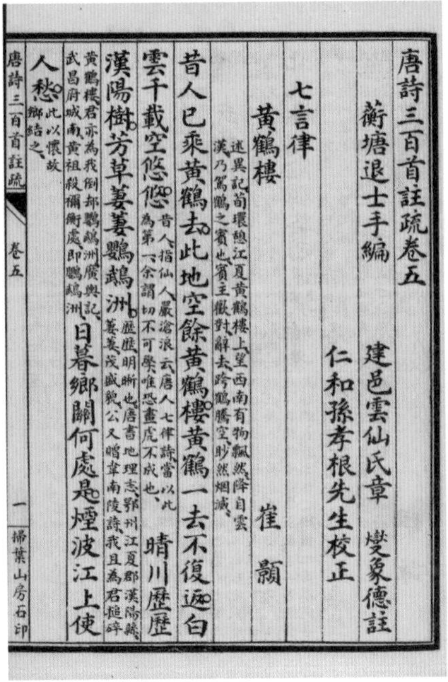
唐詩三百首註疏卷五
蘅塘退士手編　建邑雲仙氏章燮象德註
仁和孫孝根先生校正
七言律
黃鶴樓　崔顥
述異記荀瓌憩江夏黃鶴樓上望西南有物飄然降自雲漢乃駕鶴之賓也賓主歡對辭去跨鶴騰空眇然烟滅
昔人已乘黃鶴去此地空餘黃鶴樓黃鶴一去不復返白雲千載空悠悠 昔人指仙人嚴滄浪云唐人七律詩當以此為第一余謂切不可學唯恐畫虎不成也 晴川歷歷漢陽樹芳草萋萋鸚鵡洲 歷歷明晰也唐書地理志鄂州江夏郡漢陽縣萋萋茂盛貌公又贈韋南陵詩我且為君槌碎黃鶴樓君亦為我倒卻鸚鵡洲廣輿記武昌府城南黃祖殺禰衡處即鸚鵡洲 日暮鄉關何處是煙波江上使人愁 此以懷故鄉結之
唐詩三百首註疏　卷五　一　掃葉山房石印

《唐詩三百首註疏》中的崔顥〈黃鶴樓〉，民國二十年上海掃葉山房石印本。

## 作為生活方式的文學

在唐人眼裡，並沒有所謂盛唐詩歌的概念。就事實而言，即使是唐代的頭號詩人杜甫，最重要的詩學成就也是在安史之亂以後的中唐取得的，中晚唐的詩歌，更是此起彼伏，高潮迭起，似乎很難以開元、天寶年間的詩歌寫作，來囊括唐詩的全部成就。確切地說，對盛唐詩歌的推崇，宋人嚴羽的《滄浪詩話》厥功至偉，後來更逐漸被建構為一種詩學常識。

但不管怎樣，盛唐是一個大詩人輩出的時代，作為一種只能被追慕的想像力與美學標準，經過嚴羽下面這段論述而深入人心：「盛唐詩人惟在興趣，羚羊掛角，無跡可求。故其妙處透徹玲瓏，不可湊泊，如空中之音，相中之色，水中之月，鏡中之象，言有盡而意無窮。」

這種唯在興趣的寫作，如果換一個說法，那就是在盛唐時代，詩歌完全就是一種生活方

▲〔唐〕王維（傳），《伏生授經圖》，藏於日本大阪市立美術館。

▼〔唐〕李白，《上陽臺帖》，藏於北京的故宮博物院，此帖被視為詩人唯一流傳至今的墨跡。

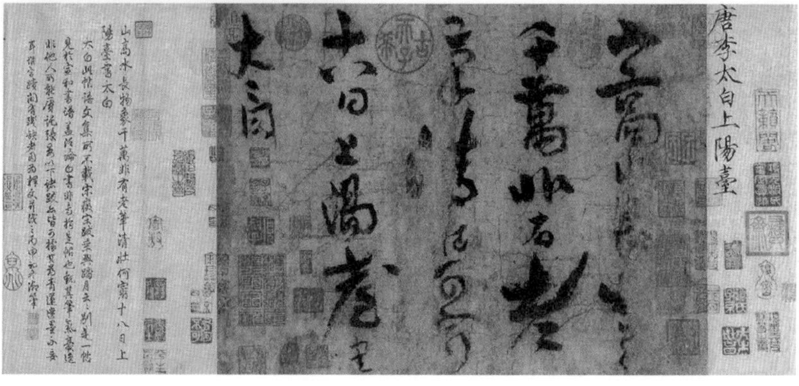

式的呈現。假如你是一個盛唐的讀書人，不會寫詩那是難以想像的。

對那些聚集在長安或者往返於長安與各地之間的詩人來說，詩歌就是一種必要的社交手段。那時的詩人，無論見面、離別、宴會，都要寫詩。據載，那個以寫作七律〈黃鶴樓〉著名的狂放詩人崔顥，有次拜見開元時代的文壇名士李邕，獻給他一首以女子為主人公的詩。結果李邕十分厭惡，不但拒絕接見他，還對身邊的人說：「小兒無禮。」

科舉、入幕、從軍、隱居，唐代文人的生活選擇豐富多采。由此帶來的分別場合，產生了大量著名的餞別行旅詩。早在初唐，王勃便以詩句「海內存知己，天涯若比鄰。無為在歧路，兒女共沾巾」，寫下了那個時代的昂揚。

盛唐時期的詩人亦各有名篇。長安大詩人王維寫下的「渭城朝雨浥輕塵，客舍青青柳色新。勸君更盡一杯酒，西出陽關無故人」，入樂之後更成為當時的流行曲目，一直到宋代還為人仿作。李白的「桃花潭水深千尺，不及汪倫送我情」，則將汪倫的名字永遠留在了詩歌史上。

出遊同樣少不了詩歌。天寶十一載（七五二），岑參、高適、杜甫、儲光羲、薛據等人一起在長安遊歷，登上慈恩寺塔（大雁塔），興盡之餘，五人都寫有紀遊之作。在這幾首難得的同題詩創作中，宇文所安發現了盛唐時期兩代人在風格上的差異：「長輩詩人儲光羲和高適的詩較為正規和較講裝飾，杜甫和岑參的天寶風格較有氣勢和較富想像力。」

盛唐詩歌中，後來被引為大宗的邊塞詩，與詩人們遊邊從軍的選擇密切相關。比起後來的王朝，唐代一直是開疆拓土的擴張性國家，這也為詩人提供了棄筆從戎的機會。在吳光興看來，某種程度上，「遊邊也是為了取功名，由於邊關將領有舉薦的權力，可以陞遷更快」。

邊塞詩是一個古老的題材，從王翰的〈涼州詞〉、高適的〈燕歌行〉到李白的〈戰城南〉，包括王昌齡也寫下了大量邊塞詩，其中就有那首被稱為「唐代七絕壓卷之作」的〈出塞〉：「秦時明月漢時關，萬里長征人未還。但使龍城飛將在，不教胡馬度陰山。」但邊塞詩的集大成者，無疑屬岑參。

岑參能寫好邊塞詩並不奇怪，自天寶八載（七四九）出任大將高仙芝的幕僚後，岑參跟隨他抵達在中亞庫車的駐地安西。戰爭慘敗後，他又在名將封常清幕府擔任判官，在中亞的北庭和輪臺待了幾年。用現代學者鄭振鐸的話說：「唐詩人詠邊塞詩頗多，類皆捕風捉影。他卻句句從體驗中來，從閱歷裡出。」

岑參的詩歌，不但寫到西域邊塞的寒冷，「北風捲地白草折，胡天八月即飛雪。忽如一夜春風來，千樹萬樹梨花開」，同樣寫到極具異國特色的火山：「火山突兀赤亭口，火山五月火雲厚。火雲滿山凝未開，飛鳥千里不敢來。」

隱居之風，在盛唐也非常流行。這與君主為了粉飾太平，熱衷徵召山野的隱逸高士密不可分。唐代士人仕宦失意，多隱居終南山，因為這裡臨近長安，易於流播聲名，以便為朝廷徵召。當時的著名道士司馬承禎便帶著不屑說，終南山是「仕宦之捷徑」。當然，對於更多士人來說，半官半隱的生活無疑最為理想。唐代官員，待遇優厚，十日一休沐，讓他們有條件購買別業，享受田園山林之趣。這也促進了盛唐詩歌中另一大宗山水田園詩的興盛。

據研究者葛曉音的考證，王維大約在開元十八年（七三〇）隱居於淇上，後來又在終南山輞川邊得到宋之問當年的別業，過著流連山水、半官半隱的生活。其間，王維寫作了大量山水田園風格的詩歌，其中諸如「空山新雨後，天氣晚來秋。明月松間照，清泉石上流」，「行到水窮處，坐看雲起時」等簡淡自然而又意蘊深遠的描寫，在當時人看來代表了詩歌的最高成就。

換句話說，在開元、天寶年間，王維才是當世頭號大詩人。對於這種代表盛唐感受的詩美，吳光興分析道：「山水，只是他的面具。雖然不是每句寫景，但最用心的地方要有一段景象，寫景象，但裡面有個主意，有詩人的審美感受。為什麼唐詩高不可及，就在這裡。」

儘管作為長安詩人的代表，王維為當世推崇，但李白很快從蜀地把誇張的想像力帶到了長安。「君不見黃河之水天上來，奔流到海不復回！君不見高堂明鏡悲白髮，朝如青絲暮成雪！」此前，有誰像李白那樣以狂放不羈的想像力寫作？長安的許多讀者和年輕詩人為之著迷。與此同時，在同樣狂放不羈的賀知章的舉薦和「小迷弟」杜甫的描述中，李白傲然於世的詩人形象得到了空前塑造，所謂「李白斗酒詩百篇，長安市上酒家眠。天子呼來不上船，自稱臣是酒中仙」。不過，李白在去世後的幾十年裡顯得聲名沉默，直到中唐另外一位大詩人韓愈，將他與杜甫一起奉為盛唐最偉大的典範詩人。

站在韓愈另一面的大詩人白居易、元稹，顯然對杜甫更為推重。在寫給杜甫的墓誌銘中，元稹將杜甫視為一切詩歌體式的集大成者：「余讀詩至杜子美，而知大小之有所總萃焉。」兼擅各體之外，杜甫在安史之亂後寫了以「三吏三別」為代表的「即事名篇」的新樂府詩，使他的成就溢出盛唐詩歌的範圍，隱隱開啟一個新時代的先聲。

## 進士階層的新趣味

天寶十四載（七五五）冬天，安史之亂的爆發，給光輝燦爛的盛唐時代畫上一個令人歎息的休止符。西京長安和東京洛陽的反覆陷落與遭受劫掠，包括唐明皇與楊貴妃那段纏綿淒豔的感情生活，都成為中唐以後文人反覆吟詠的話題。只是，新的文學風氣的形成，還要遲至幾十年後的唐憲宗元和年間，那是屬於白居易和唐傳奇的時代。

詩歌史上將這一引領唐詩第二個高峰的變化，稱為「元和詩變」。經逢戰爭亂離，和整個社會的下沉，這一時期的詩人追求詩文有所擔當，這也是某種程度上的復古。其中的代表白居易便認為「文章合為時而著，歌詩合為事而作」，希望繼承《詩經》的優良傳統和杜甫的創作精神，為此發起批判社會問題的「新樂府」運動。

詩風轉變的背後，有更為深刻的社會變革。最重要的變化，是出現藩鎮林立的局面。在安史之亂爆發後的第二年，隨著玄宗皇帝在四川頒布的《幸普安郡制》，藩鎮正式擁有了財權和辟署權（節度使有在自己所統轄的州縣行政系統之外另建幕府之權力）。在一些研究者看來，這一重要變化，與中唐之後傳奇的興盛，有著密切關係。

據學者戴偉華的統計，中晚唐文人十之八九都有過入幕供職的經歷，當時的名士李公佐、沈亞之、牛僧孺、段成式都是如此。士人們在朝廷與藩鎮之間、藩鎮與藩鎮之間的流動更加頻繁，相互交流奇聞逸事的機會也大大增加。曾擔任夔州刺史劉禹錫幕僚的韋絢，在他所整理的《劉賓客嘉話錄》序中寫道：「丈人劇談卿相新語，異常夢語，若諧謔卜祝、童謠佳句，即席聽之，退而默記。」

閱讀唐人傳奇的單篇作品，諸如〈李娃傳〉、〈任氏傳〉、〈離魂記〉、〈盧江馮媼傳〉、〈馮燕傳〉等，也都能發現作品從「晝燕夜話，各徵其異說」到「握管濡翰，疏而存之」的撰寫過程。

〔唐〕李昭道（傳），《明皇幸蜀圖》，藏於臺北故宮博物院，安史之亂之後，唐玄宗逃往四川避難，這正是此圖的繪畫背景。

出身寒微的進士階層的大量湧現，也帶來了這一階層新的趣味：生活態度欠嚴肅，熱烈地追求官能刺激，富有浪漫氣息。這種新的文學趣味，不僅反映在「大歷之風尚浮，貞元之風尚蕩，元和之風尚怪」的詩學風格中，在唐傳奇的故事中也時有反映。

〈霍小玉傳〉、〈李娃傳〉，同樣都講述了一個科考、伎女和年輕士子糾纏的故事。事實上，長安城的北里，也叫平康里，這個大量出現在唐傳奇中的地名，就有官方登記備案的娼伎。這些人大都受過詩文寫作與音樂表演的訓練，除了為官員、商人和貴族提供服務，她們最重要的服務對象正是科考士子。因為在北里附近的一個坊裡，就是國子監和科舉考場，故而趕考的舉子經常在附近租房居住。

「傳奇」之名最早見於晚唐裴鉶的小說集《傳奇》，從宋代以後，逐漸成為人們對唐代小說的一個稱呼。但是，據李鵬飛的研究，宋人所認為的「傳奇」一般指包含一些奇異內容的唐代愛情小說，到元代，進一步擴展為包括愛情小說在內的更多的唐代小說。在這一歷史概念的演進中，唐傳奇更多指向那種搜奇記異，寫作上「敘述婉轉、文辭華豔」，具備比較自覺虛構意識的作品。

在風氣開化的唐代，道佛思想歷來盛行。加之中晚唐士人感覺到的某種失意與幻滅，反映在傳奇中，經常會有以短夢歷盡一生的描寫。其中的代表就是李公佐的〈南柯太守傳〉與沈既濟的〈枕中記〉，這兩部傳奇還為人們貢獻了兩個成語：南柯一夢與黃粱美夢。

唐代的長安是一個世界性的都市，除了各國數目巨大的遣唐使，街頭的外國商人也比比皆是。據陸威儀的研究，回鶻人壟斷了長安的高利貸生意，葡萄酒店則普遍由粟特人或操吐火羅語的商人經營，此外，娛樂和娼伎業也具有強烈的異國風情。而在葡萄酒店舖裡服務的胡姬，與外國葡萄酒商一樣，一直是唐詩與其他藝術喜歡的主題。傳奇中，也隨處可見胡人的身影。

在〈任氏傳〉裡，主人公鄭六與狐仙任氏在外面過夜後，天亮前到達他所居住的坊門前。因為坊門仍舊關閉，他只能暫時待在門口胡人的餅店裡。在〈霍小玉傳〉中，幫助小玉設計找回李益的黃衫客，背後跟著一個剪去頭髮的胡人小孩。

而在裴鉶所著《傳奇》中的〈崑崙奴〉，胡人則被當作主人公加以描述。這位崔生家中的奴僕磨勒，不但善解人意，而且具有高超的武藝。他攜鐵椎越牆擊殺惡犬，背負崔生和歌伎輕鬆飛越院牆，談笑之間，成全了兩人的一段愛情。當歌伎後來被主人認出，崔生被迫將磨勒供出時，崑崙奴則持匕首突破數十人的圍攻，絕塵而去。十多年後，崔家有人還在洛陽認出在街頭賣藥的磨勒，容顏沒有絲毫改變。顯然，將相貌迥異的異域胡人，想像為身懷異術的奇人，對傳奇作者來說，並不難以理解。

在詩歌與小說高度繁榮的中晚唐，傳奇與詩歌互動頻繁。不但一些著名文人，諸如元稹、韓愈、柳宗元等人，都兼具詩人與小說家的雙重身分，在許多傳奇作品中，主人公吟詩唱和，藉以抒發情意，或者精怪用詩歌暗示自己身分，屢見不鮮，這也賦予了唐傳奇濃厚的詩意。而最能表現詩與傳奇互動密切的，莫過於用詩文表現同一題材的白居易的〈長恨歌〉與陳鴻的〈長恨歌傳〉。

不管是詩，還是傳奇，都不可避免地受到當時盛行的民間俗講、說話之風的影響。無他，一個市民文學的時代即將來臨。

## 參考資料


卜正民、陸威儀《哈佛中國史（三）世界性的帝國：唐朝》北京：中信出版社，二〇一六。

馬茂元《唐詩選》上海：上海古籍出版社，二〇一七。

汪辟疆《唐人小說》北京：中華書局，一九五九。

葛曉音《詩國高潮與盛唐文化》北京：北京大學出版社，一九九八。

宇文所安《盛唐詩》北京：生活．讀書．新知三聯書店，二〇〇四。

# 天地一壺通：唐代酒文化*

飲酒習俗上，唐代飲酒之風很興盛，有很多相同的飲酒習俗，如飲宴之上人們要按巡飲酒，歌舞侑酒、女伎陪酒、行令助觴之風都很普遍。

*本文作者為劉朴兵。

## 按巡飲酒

古人有按巡飲酒的習俗。按巡飲酒是分輪由尊長到卑幼一個個地飲，一人飲盡，再飲一人，這種飲酒習俗與現代人飲酒時大家共同舉杯很不相同。

酒宴上，眾人都飲完一杯稱為一巡，一次酒宴往往要飲酒數巡。唐代飲酒的巡數較少，一般為三巡，如元稹〈和樂天初授戶曹喜而言志〉一詩云：「歸來高堂上，兄弟羅酒尊。各稱千萬壽，共飲三四巡。」宮廷酒宴上，過了三巡，就有大臣箴規了。《舊唐書．李景伯傳》載：「中宗嘗宴侍臣及朝集使，酒酣，令各為〈回波辭〉。眾皆為諂佞之辭，及自要榮位。次至景伯，曰：『回波爾時酒卮，微臣職在箴規。侍宴既過三爵，喧譁竊恐非儀。』」

巡（行）酒所到，每人都必須飲盡自己杯中酒，否則主人會以各種形式勸飲。兩次巡酒之間，往往進行各種娛樂活動。唐代時，巡酒之間娛樂活動的類型較少，多為歌舞。在民間的大多數酒宴中，巡酒完畢並不意味著飲宴就要結束了。恰恰相反，此時人們酒興未盡，飲宴尚未進入高潮。巡酒完畢

〔南唐〕周文矩，《琉璃堂人物圖》，藏於美國大都會博物館。圖中描述盛唐詩人王昌齡任江寧縣丞期間在琉璃堂與詩友宴集的故事。

後，進入「自由」飲酒階段，主賓間或賓客間可以自由敬酒。如果某一座客向鄰座或他人敬酒，要手捧杯盞，略微前伸，這就表示了敬酒的願望，俗稱此為「舉杯相屬」。被敬酒的人一般要予以接受。唐宋時期，人們敬酒時還流行「蘸甲」，即用手指伸入杯中略蘸一下，彈出酒滴，以示敬意。若酒興仍高，人們或賦詩填詞，或歌舞助興，或行酒令，各種佐觴活動逐漸把飲宴推向高潮，以使人們盡興而歸。

今天人們飲酒以共同舉杯一次為「一巡」，一般也是「酒過三巡、菜過五味」之後才切入酒宴的正題，舉行敬酒、酒令佐飲等活動，這些飲宴程序正是古代按巡飲酒習俗的遺跡。

## 歌舞侑酒

音樂和舞蹈對宴會起著相當重要的調節作用，以歌舞助興是唐宋時期重要的酒俗之一。唐代時，酒宴之上的歌舞可分為兩類：一是自娛性的歌舞，二是他娛性的歌舞。

自娛性的歌舞是酒宴主人或賓客表演的歌舞。唐代時，酒宴之上賓客往往親自歌唱，以答謝主人的美意。如尉遲偓《中朝故事》卷上載：「瞻至湖南，李庚方典是郡，出迎於江次竹牌亭。置酒，瞻唱〈竹枝詞〉送李庚。」在飛觥把盞間，無論主人還是客人都可以邀請對方唱歌，如《劉賓客嘉話錄》載，李絳為戶部侍郎時，曾參加本司酒會，張正甫「把酒請侍郎唱歌」。當宴飲進入高潮時，人們還會以自我舞蹈的方式娛樂，連帝王都如此。《舊唐書．高宗諸子傳》載，唐太宗的長孫燕王李忠出生時，太子李治宴宮僚於弘教殿，唐太宗亦參加了此宴，「太宗酒酣起舞，以屬群臣，在位於是遍舞，盡日而罷」。這種席間起舞是前代「以舞相屬」習俗的繼承。這種習俗在唐代又有了一些新內容，有時是專門表示對某位貴賓的尊敬，正如李白〈對酒醉題屈突明府廳〉所云：「山翁今已醉，舞袖為君開。」唐代酒宴上自娛性歌舞的盛行，體現出唐人廣泛的主動參與性。

他娛性的歌舞是由專業歌舞人員表演，主要供參加酒宴的賓客欣賞。在唐代的接風洗塵與送別餞行之類的宴飲活動中，主人經常請歌手為之唱歌，

〔清〕蘇六朋，《太白醉酒圖》，藏於上海博物館。

通過悠揚的歌聲來表達喜悅或留戀的心情。他娛性的歌舞在唐代酒宴上很盛行，表演者多是年輕貌美、技藝高超的歌伎、舞女。參加酒宴的賓客們雖然完全成了歌舞的被動欣賞者，但由於歌舞已完全由專業的歌伎、舞女承擔，演出水平一般較高，酒宴上往往燭光香霧，歌吹雜作，營造出一種如醉如癡、如夢如幻的境界。

## 女伎陪酒

女伎陪酒是附庸風雅之徒喜歡的一種助飲方式。在唐代公私宴飲的許多場合都可以見到男女同席的場面，如白居易〈江樓宴別〉云：「樓中別曲催離酌，燈下紅裙間綠袍。」許渾〈聞州中有宴寄崔大夫兼簡邢群評事〉云：「簫管筵間列翠蛾，玉杯金液耀金波。」吟述的都是男女同席的宴飲場面。席中之女多非良家婦女，而是年輕貌美的女伎。

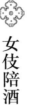

隨著女伎陪酒活動增多，在唐代還出現了專門以陪酒為職業的「酒伎」（又稱「飲伎」）。地方上，不少州鎮樂營女子為專業性的酒伎。在兩京，從事陪酒職業的女伎更多，陳繼儒《北里志．序》云：「京中飲伎，籍屬教坊。凡朝士宴聚，須假諸署曹行牒，然後能致於他處。……其中諸伎，多能談吐，頗有知書言話者。」孫棨《北里志．海論三曲中事》云：「比見東洛諸伎體裁，與諸州飲伎固不侔矣。」

唐代社會風氣雖然比較開放，這種男女同席的女伎陪酒之風仍遭到不少人非議，如李肇《唐國史補》卷下〈飲酒四字令〉載：「有男女雜履舄者，有長幼同燈燭者，外府則立將校而坐婦人，其弊如此。」沈亞之〈華州新葺設廳記〉云：「酒行樂作，婦女列坐，優者與詼諧搖笑，譏左右侍立，或銜哂壞容，不可罪也。」

## 行令助觴

行令助觴即行酒令助飲。一般認為，酒令的起源與古代的投壺之戲有關，「酒令」一詞最早指主酒吏，如《梁書．王規傳》載：「湘東王時為京尹，與朝士宴集，屬規為酒令。」唐代時，酒令才開始作為一個專有名稱，特指酒宴上那些決定飲者勝負的活動方式。

酒令在唐代形成後，很快就成為人們宴飲助興的主要娛樂形式，從文人士大夫到庶民百姓無不選擇適合其活動的酒令來佐飲，蔡寬夫《詩話》稱：「唐人飲酒，必為令以佐歡。」唐代的酒令名目繁多，大多數唐代酒令至宋代時就已經失傳了，陳振孫《直齋書錄解題》卷十一稱：「《醉鄉日月》三卷，唐皇甫松子奇撰。唐人飲酒令此書詳載，然今人皆不能曉也。」宋人多不解唐代酒令這一事實，說明了唐宋兩代的酒令有很大的變化。唐宋兩代的酒令及人們行令的差異主要表現在以下三點：

首先，唐代酒令以器具令居多，宋代酒令以文字令居多。目前能知道的唐代酒令有二十多種，這些酒令多需借助於骰盤、籌箸、香球、花盞、酒胡子等器具方能行令。如行籌令時，大家輪流抽取長條形的籌箸，根據上面的字句，決定如何飲酒。中唐以後，籌令開始衰落，但籌令所使用的酒籌廣泛應用於宴飲的各種場合，故後世往往用「觥籌交錯」來形容宴飲。與唐代器具令居多不同，宋代酒令多是文字令，文字令的盛行與文人群體的迅速擴大密切相關。宋代統治者採用重文輕武的政策，加大科舉取仕的力度，使文人群體日益擴大，整個社會的文化水平有了較大提高，人們進行文字遊戲的技巧也比較嫻熟，酒酣耳熱之際為後人留下了不少高水準的文字令。

其次，唐人行令強調勝負，宋人行令注重參與。唐人尚武任俠，爭強好勝，行酒令時也往往強調勝負，而負者要罰酒，為公平處理因酒令而引起的紛爭和更好地維持酒場秩序，唐人聚飲時常設酒糾（亦稱席糾、觥使）。擔任酒糾者須熟知酒場中的各種規矩，對違反宴席規矩的行為要進行處罰。擔任酒糾的人不僅有鬚眉男子，巾幗婦女也不少，尤其是一些知名的妓女，才藝超人，熟知酒事，常擔任酒糾一職。與唐代比，宋人行令更注重參與，不太計較勝負。由於宋人行令不太強調勝負，酒席上的紛爭也大為減少，所以宋代酒糾的設置也不如唐代那麼普遍。

最後，唐人行令比較豪爽，宋人行令比較文雅。唐人行令之所以比較豪爽，除了唐人普遍開放豁達之外，與唐代的酒令形式也不無關係。由於唐代的器具令居多，行令時，人們的注意力隨著骰盤、香球、花盞、酒胡子等器具的運動而轉移，往往面目緊張，情緒激動。除器具令外，唐代酒宴上還流行各種動作令。許多動作令更是節奏緊湊，行令時人們手舞袂揚，往往把酒宴鬧得熱火朝天。與此相反，由於宋代的酒令多為文字令，需要口齒清晰地吐字講談，而不是如狂似癲地大呼小叫，因此宋人行令就顯得比較謙和、隨意和文雅。

值得注意的是，直到宋代，中國的飲酒習俗仍與後世有不少差異，如後世不再按巡飲酒，侑酒的酒令也日益單調，通俗的「拇戰」（划拳）盛行一時等。

河南洛陽麗京門九龍殿壁畫《酒祖杜康》。（聶鳴攝）

## 唐代酒肆

唐代中期以前，由於實行比較嚴格的坊市制度，居住區的「坊」和商業區的「市」彼此分離，各項交易多被限制在「市」內，和其他店肆一樣，城內的酒肆也多分布在「市」內。也有少量的酒肆分布於「坊」內，不過，由於唐代前期坊市制度實行得較為嚴格，坊中出現酒肆只是極個別的現象。直到唐代中後期，隨著坊市制度的逐漸衰落，坊中的酒肆才逐漸多起來。對此，文獻中亦有反映，如司馬光《資治通鑑》卷二百三十六載：唐順宗時，王叔文、王伾當權，來求他們辦事的人很多，「於是叔文及其黨十餘家之門，晝夜車馬如市。客候見叔文、伾者，至宿其坊中餅肆、酒壚下，一人得千錢，乃容之」。雖然如此，唐代中後期坊中出現的這些酒肆與當時「市」內的酒肆相比仍屬少數。可以說，唐一代酒肆基本局限於作為商業區的「市」內。

唐代酒肆在經營時間上也受到了很大限制。唐代實行的坊市管理制度，禁止店肆夜間營業。夜間賣酒被視為非法，要受到官府的糾察。唐代中後期，隨著坊市制度開始崩潰，商業經營在打破空間限制的同時，也打破了時間限制，夜市逐漸發展起來了。其中，酒肆經營更是起到了帶頭和先鋒作用，酒肆業是唐代夜市的中心和主幹，圍繞著它而開展著其他商品的夜市交易。晚唐詩歌對酒肆的夜間經營也多有反映，如張籍〈寄元員外〉云：「月明臺上唯僧到，夜靜坊中有酒沽。」王建〈寄汴州令狐相公〉稱：「水門向晚茶商鬧，橋市通宵酒客行。」唐代後期，酒肆雖然已經突破了夜禁的限制，出現了夜間經營的情況，但這種現象還不太普遍。

雖然在經營上受到諸多限制，唐代的酒肆業還是呈現出不少新的氣象。從繁華的城鎮到鄉村僻野，大大小小的酒肆星羅棋布，呈現一片繁榮景象，這是前代所不曾有的。都城長安的酒肆業居全國之首，城內酒肆主要分布在東西兩市和東門、華清宮外闕津陽門等交通要道一帶。長安城外的灞陵、蝦蟆陵、新豐、渭城、馮翊、扶風等地也有眾多酒肆。其中，長安西郊的渭城，是通往西域和巴蜀的必經之地。唐人西送故人，多在渭城酒肆中進行，留下了許多渭城酒肆餞別的名句，如王維〈渭城曲〉云：「渭城朝雨浥輕塵，客舍青青柳色新。勸君更盡一杯酒，西出陽關無故人。」長安以外，洛陽、揚州、益州等通都大邑和州郡治所都有酒肆。大中城市和州郡治所以下的縣邑和鄉村也有酒肆，只不過規模往往較小罷了。

自西漢張騫鑿通西域後，隨著中外交流的發展，胡人開始大量湧入中原內地，不少胡人以經營酒肆為生，當時人稱他們為「酒家胡」。長安的東西兩市和城東面的青綺門（簡稱「青門」）是酒家胡的集中之地。在胡人酒肆中，當壚售酒的多是胡族女子，她們被稱為「胡姬」。在胡人酒肆中，由年輕美貌的胡姬服侍飲酒，富有異國情調和浪漫色彩，受到了唐人的廣泛歡迎，成為一代風尚，因此酒家胡的生意往往十分興隆。唐代許多詩人寫有到胡人酒肆飲酒的詩句，如李白〈少年行〉之二云：「五陵年少金市東，銀鞍白馬度春風。落花踏盡遊何處，笑入胡姬酒肆中。」

唐代以前，酒肆的規模一般較小，多為平面建築。唐代時，規模宏大的酒樓開始興起，它們數量眾多，分布廣泛。唐詩中有不少提到酒樓的詩句，僅以詩仙李白的詩為例，〈猛虎行〉云：「溧陽酒樓三月春，楊花漠漠愁殺人。」〈憶舊遊寄譙郡元參軍〉云：「憶昔洛陽董糟丘，為余天津橋南造酒樓。」〈寄東魯二稚子〉云：「南風吹歸心，飛墮酒樓前。」〈送當塗趙少府赴長蘆〉云：「搖扇對酒樓，持袂把蟹螯。」在唐代，酒樓逐漸成為大型酒肆的代稱，它們的生意往往十分火爆。由於唐代的大多數建築仍為低矮的單層房屋，因此高高聳立的酒樓就顯得格外引人注目。

為了招攬酒徒，唐代酒肆利用各種手段促銷，如酒旗招牌的炫耀，美麗少女的當壚，音樂歌舞的助興，美貌酒伎的佐飲等。其中，酒旗一般懸掛於酒肆門口，人們一望見酒旗，便知下有酒肆。以年輕貌美的女子當壚是唐代酒肆通用的促銷手段，如白居易〈東南行一百韻〉云：「軟美仇家酒，幽閒葛氏姝。十千方得斗，二八正當壚。」音樂歌舞的助興也是唐代酒肆慣用的促銷手段，唐代酒肆中的音樂氣氛相當濃烈，客人飲酒之際，酒肆僱用的專業樂師臨場獻技，美妙的樂曲歌聲將酒客帶入了亦醉亦仙的境界。酒伎佐飲則是唐代酒肆新出現的促銷手段，酒伎與普通的當壚女子不同，要陪顧客飲酒，這是以美貌女性服務來吸引顧客的手段之一。

除了現錢交易為主外，唐代的酒肆還接受以物換酒、以物品抵押質酒、憑信用賒酒等。以物換酒，唐詩中多有反映，最著名的要數李白〈將進酒〉所詠：「五花馬，千金裘，呼兒將出換美酒，與爾同銷萬古愁。」以物質酒與以物換酒不同。以物換酒是以貨易貨，而以物質酒只是以物做抵押，日後還可贖回。據《杜陽編》所記，公主的步輦夫曾把宮中錦衣質在了廣化坊的一個酒肆中。憑信用賒酒，古亦有之，唐詩中詩人們也屢屢吟詠，如王績〈過酒家五首〉之五云：「來時長道貰，慚愧酒家胡。」

# 女性

# 女性的黃金時代：武則天、楊玉環、魚玄機*

對於女性來講，唐朝是個美好的時代，雖然這種美好只是相對而言。無論出身皇室貴族，還是普通平民家庭，這個時代都給了她們綻放的可能。

*本文作者為丘濂、徐亦凡。

唐代女性形象的印象來自《簪花仕女圖》裡身穿輕薄紗衣、齊胸襦裙，面龐豐腴的貴族女子，來自《虢國夫人遊春圖》裡以男裝示人的虢國夫人，來自在中國國家博物館「大唐風華」單元中展出的《攜嬰飼鳥出行圖》所描摹的穿著波斯胡服的侍女。不僅有文字記載，還有陶俑、壁畫、書畫作品等傳世文物佐證這個時期婦女服飾之多元，妝容之多彩，儀態之自信。

唐朝有這樣豐富的女性個體存在，是開放與包容的社會風氣使然。李唐王朝和鮮卑有千絲萬縷的血脈聯繫，唐政權中有北方游牧民族的基因，游牧民族中男女地位更為平等。

在唐代女性人物中，要論成就最高，對後世影響最大，首推武則天。《絢爛的世界帝國：隋唐時代》一書的作者氣賀澤保規說：「唐朝是這樣一個時代，具有容忍武后這種人物存在下去的客觀環境。」這樣的環境，除了繼承游牧民族「女性的潑辣勇猛」，還有較輕的思想束縛——文學教養比儒教倫理觀更受到重視。

## 武則天：女性通往權力巔峰之路

游牧民族有「收繼婚」的風俗，即女性在喪夫之後，可以嫁給丈夫的男性親屬。武則天如此，之後的楊玉環也有相似的經歷。

可以說武則天剛進宮的時候對於權力並沒有什麼概念，否則也不會在太宗的宮中默默無聞十三年，還只是一名五品的才人。就是這樣孤獨寂寥的生活，讓她決定接近在病榻前照顧太宗的皇太子李治，並建立起了男女關係。這重情感聯繫，為之後即位的唐高宗李治把武則天從感業寺接回宮中埋下了伏筆。當時高宗的王皇后同樣鼓勵他把武則天接回來，因為能夠限制蕭淑妃的氣焰。可以說，武則天再次回宮就深陷於後宮的政治網絡之中。

武則天和王皇后的背後各有不同的支持者。《劍橋中國隋唐史》的作者認為，與其像陳寅恪那樣，把兩個陣營的支持者簡單歸類為有著世襲貴族特權的「關隴集團」和憑藉科舉進入官場的「山東集團」，不如把這種矛盾描述成是「已經掌權的、要維護既得利益的人和那些把擁立武則天當作自己陞遷手段的人之間的鬥爭」。武則天的政治天賦，讓她善於操縱宮廷的權力結構。史書記載，高宗廢掉王皇后的直接原因，是武則天剛誕下不久的女嬰被捂死，栽贓給王皇后。不管這位慘死的小公主究竟為誰所害，我們都能從之後高宗在平定一場謀反行動後，將王皇后的舅舅、宰相長孫無忌發配邊陲的決定中看出一些端倪——太宗為兒子留下了以長孫無忌為首的輔政集團，擺脫這些權臣的束縛就成為李治的願望。表面上武則天是為了皇后之位，實際她和李治屬於同一條戰線。

武則天當皇后期間，不僅用政治權謀去處置反對她的人，也參與了新政策的制定，為她後來稱帝執政做了鋪墊。比如她實行對文學的贊助，組織起學者班子，來編纂《列女傳》、《臣軌》和《樂書》等著作。這些人逐漸形成了一個名叫「北門學士」的祕書班子，為武后起草奏摺或者決定某些政策，而這本身應該是宰相的職責。另外是她對於佛教的支持，廢除了唐太宗在宗教儀式上重道輕佛的詔令，從此兩種信仰平等。武則天稱帝之前，讓人撰寫《大雲經疏》（《大雲經》的宣講本），聯繫自己附會《大雲經》中的天女將君臨一國的預言。她還在全國修建大雲寺，掀起一波轟轟烈烈的造神運動。這都離不開佛教徒的支持。

武則天登上皇位，改國號為周。女性成為女皇，掌控最高權力，這是中國歷史上的第一次也是最後一次。學者孟憲實認為，武則天在成為女皇之前已經牢牢控制了最高權力，繼位者的性別究竟是男是女，到那個階段已經不重要了。還需要注意的是，武則天那時的身分已經從妻子變為母親。在封建社會的家庭中，女兒和妻子的地位低下，母親卻能得到一定的尊重。孟憲實

一幅武則天的壁畫圖像。（FOTOE 供圖）

說，武則天的擁戴者正是牢牢把握了這個要點，以孝道中母親的概念為突破口，使得男尊女卑不再成為女皇的障礙。

武則天的成功，讓她成為唐朝宮廷女性的榜樣。武則天去世後，唐中宗的韋后是最想重走武則天之路的人，她發動宮變扶少帝即位，以皇太后身分臨朝。可惜韋后並無足夠的政治智慧，在唐隆政變中被李隆基和太平公主聯手推翻；上官婉兒從婢女身分到拜為昭容，在武則天和中宗時期都作為政治智囊得到重用，野心勃勃地與韋后、武三思等勢力勾結，最後在政變中被視為韋后勢力剪除；太平公主在神龍革命中憑藉扶植中宗李顯的功勞權傾朝野，勢力壓過太子李隆基。但公主所謀之事多為一己私利，政治才幹也遠比不上母親武則天，最終還是被迫自盡。她們沒有一個人達到武則天的成就，除了她們的政治素養和胸襟魄力不如武則天之外，美國堪薩斯大學東亞系教授馬克夢指出，武則天給女性提供了參政可能，但「沒有足夠的時間把女性官員的政治參與體系化」，女性無法像男性一樣在政治環境中充分鍛鍊執政能力，「因此可以很容易地指出當政女人的錯誤與不成熟」。武則天的成功有她個人不世出的才華與魄力，也必須承認有偶然因素的疊加。

武則天之後的政治秩序強化了對女人干政的排斥。唐玄宗李隆基不僅弱化武則天一朝的執政痕跡，還重建內廷制度，以避免后妃權力膨脹，對公主也限制食封采邑規模，他即便再寵愛武惠妃與楊貴妃，終其一生都未再立后。

位於陝西咸陽市的乾陵，唐高宗李治和武則天的合葬墓。

## 楊玉環：貴族女性的婚姻與日常生活

楊貴妃的人生和大唐國運確實有千絲萬縷的關聯，可是撥開歷史的迷霧，她首先是楊玉環，宏大敘事不關心她的婚姻細節與日常生活，但這些一樣有舉足輕重的價值，是展現唐朝貴族女性生活的典型剪影。

天下女子眾多，為什麼偏偏是楊玉環成了貴妃？在這裡，高力士是不得不提及的人物。唐玄宗痛失武惠妃後深受打擊，高力士認為需要美貌的女子來撫慰皇帝。楊玉環被高力士選中，除了姿色過人，更重要的因素還在於高力士需要維護李武韋楊婚姻集團。

在唐代，結婚最看重門第，追求「選婚華族」，皇帝選妃也需考量其政治背景。高力士雖姓高，但《舊唐書》有記載：「內官高延福收為假子，延福出自武三思家，力士遂往來三思第。歲餘，則天復召入禁中。」這說明高力士出自武氏家族，必然要維繫其利益。歷史學家陳寅恪也曾在〈記唐代之李武韋楊婚姻集團〉一文中說明高力士與「玄宗一生之政治生活發生密切關係」，即便是位及宰相或將領，也未必比得上高力士在玄宗朝的地位。

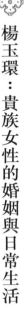

楊玉環系出名門。雖然她早年喪父且父親官職不高，但先祖是弘農楊氏，和武則天的母親同出一族。陳寅恪認為，楊玉環算不得武氏的近親，但從她曾嫁於壽王李瑁這一點來看，說明也屬於李武韋楊這個集團。如果要從這個集團內遴選美人，楊玉環顯然是高力士認為「宜充掖庭」的最佳人選。但這也表明，楊貴妃被贊色藝無雙，卻未必真的冠絕大唐王朝。按于賡哲的話來說，她更可能只是這個婚姻集團內部的佼佼者。

可見在美貌之外，楊玉環的婚姻被賦予了更多政治意味。對於當時的貴族女性而言，政治性婚姻是不得不接受的宿命，頻繁的聯姻使得高高在上的公主成了政治婚姻市場的代幣。像遠嫁松贊干布的文成公主，肩負著沉重的政治使命，對和親的公主而言，鞏固大唐和藩鎮間同盟遠比婚姻本身更重要。

女性在婚姻中具有的媒介地位與利用價值，也催生了唐朝「陪門財」現象。為了攀上門第，顯貴們一心與士族結下秦晉之好，因此不少士族嫁女時藉機索要巨額財產。唐太宗在《貞觀政要》中曾嘲諷士族「每嫁女他族，必廣索聘財，以多為貴」。這種嫁女必索重金的現象甚至蔓延到民間。到了宋朝，這一風氣卻不再延續，嫁女兒不僅無法獲得陪門財，還需要提供嫁妝，

〔元〕錢選，《貴妃上馬圖》，藏於美國弗利爾美術館。

確切原因難以知曉，不過《哈佛中國史》作者認為，這導致女性在跨家族網絡形成時重要性衰減，嫁女兒帶來的財產損失使得上層女子的地位也有所下降。

唐朝貴族女性擁有相對矚目的社會地位，她們也更容易成為政治犧牲品。楊玉環成了楊貴妃後，深得唐玄宗寵愛，楊氏家族也由此一榮俱榮。貴妃的哥哥楊釗得到皇帝賜名「楊國忠」，並當上宰相，三個姊姊也都誥封國夫人，風頭無兩，富貴榮華，甚至連公主見了都得避讓三分。楊貴妃更是集三千寵愛於一身，在後世寫下的故事中，比如「一騎紅塵妃子笑」的荔枝掌故，被演繹為二人驕奢無度的證明。但漢學家薛愛華在《朱雀：唐代的南方意象》中提到古代一位作家的質疑：生長在南越的荔枝「一日色變，二日味變」，等送到大明宮時恐怕早已不復新鮮。即便是驛馬相送，也難在酷暑天從南方到北方保持原樣，因此為貴妃快馬送鮮荔枝的故事可能也存在想像。

事實上，楊貴妃恐怕並非安史之亂的真正原因。儘管楊國忠拜相的確得益於楊玉環，楊氏家族也在很多時候影響著皇帝決策，但朝綱混亂與貴妃並無太大干係，她本人也與朝政無涉。于賡哲曾對此做過分析，安史之亂「清君側」的對象是楊國忠，此人能力低下卻非常貪婪，這體現出皇帝在任命宰相上的失職，包括此前的李林甫，都全無開元時期姚崇、張九齡等人的才幹。此外，貴妃本身沒有弄權的條件，唐玄宗的母親被武則天殺死，唐玄宗登基前經歷了與太平公主、上官婉兒、韋皇后等一眾女性的較量，因此于賡哲稱其「是一個以消滅女人專政為目標的人」，即使年老也不可能讓貴妃有機可乘。而楊玉環本人也沒有對政治權力的欲望，史籍中並無相關記載，她所享受的僅僅是兒女之情，和野心勃勃的武則天與太平公主等人並不相像。

楊玉環對國家興衰的影響可能難下定論，但她倒貨真價實地帶動了唐朝女性的審美潮流，放在今天來看，想必會是最具號召力的時尚部落客。

楊貴妃的首要特點便是身形豐腴，與漢代趙飛燕以「燕瘦環肥」並稱。唐人並非一直偏愛豐滿身材，就在開元初年，社會上還保持著武周時期高瘦挺拔的審美取向，但在唐玄宗統治的第二個十年起，也許是太平盛世物質豐盛的緣故，女性身形變得豐腴，衣衫也越發寬鬆。楊玉環所承載的，正是以胖為美時期對唐朝美人的所有想像。天寶年間墓室壁畫中的女性形象也都體態豐滿，佐證了這一時代潮流，這與史料對楊玉環的描述也是相符的，《舊唐書．后妃傳》記載「太真姿質豐豔」，五代筆記《開元天寶遺事》稱「貴妃素有肉體，至夏苦熱」，宋代《楊太真外傳》寫「貴妃有姊三人，皆豐碩修整，工於謔浪，巧會旨趣」。

唐朝風尚發展的一大特點是從皇宮走向民間，上層社會流行什麼，平民女性也爭相倣傚。楊貴妃在服飾和妝髮上的許多偏好都在當時成為最受歡迎的時尚印記，「上自宮掖，下至匹庶，遞相倣傚，貴賤無別」。比如石榴裙，一種裙腰高束的紅色長裙，唐玄宗最愛看楊玉環身著這種紅裙在石榴花叢中跳舞，群臣卻很是不滿，見到貴妃不願行禮，玄宗便下令大臣們見到楊玉環必須行禮，這正是拜石榴裙的由來。石榴裙的風潮很快擴散到宮外，貴族女性也均以著此裙為時尚。

這一時期的宮中女性還有著男裝的愛好，這與李唐王朝的尚武習氣有關。劉肅的《大唐新語》記載：「士流之妻或衣丈夫服，靴衫鞭帽，內外一貫矣。」後來出土的唐代女俑中也有不少身著男裝做騎射狀。名畫《虢國夫人遊春圖》中，一般推測貴妃的姊姊虢國夫人便是其中一個著男裝者。這一風氣在開元和天寶年間最盛，無論宮裡宮外都風靡一時。而貴族女性顯然是當之無愧的潮流製造者。

除了衣著，楊貴妃在妝飾上也常常別具一格。唐朝女性偏愛豔麗濃妝，在敷粉後會以胭脂暈染在兩頰，楊玉環卻作「白妝黑眉」，只撲粉不施朱，如同哭過一般，這種「淚妝」引得後宮女性紛紛追捧模仿。虢國夫人也愛此妝容，杜甫（一說為張祜）的〈集靈臺〉有詩句為證：「虢國夫人承主恩，平明騎馬入宮門。卻嫌脂粉汙顏色，淡掃蛾眉朝至尊。」唐朝女性妝容變化頗多，但貴族女性閒暇更多，有大把時間鑽研妝容衣飾，比如常見的柳葉眉、遠山眉、蛾眉之外，她們還發明出奇特的「八字眉」；甚至淚妝也算不得離奇，唐朝還興起過「血暈妝」，《唐語林》中提到「婦人去眉，以丹紫三四橫約於目上下，謂之『血暈妝』」，想來很是弔詭。但女性在時尚中的標新立異，也顯現出唐朝社會審美的多元與寬容。至少楊玉環作為皇室成員，有足夠空間與自由彰顯女性的自信和風貌。

## 魚玄機：道觀裡的自由

武則天和楊玉環故事再豐滿，終究只是皇室女性的側寫，還原大唐婦女如果失去平民視角，那必然是有缺憾的。正史負責留下權力階層的烙印，卻不會給魚玄機這種平民才女添上一筆。儘管飽受爭議，晚唐女冠詩人魚玄機的才華和悲劇性使其成為管窺唐代女性風貌不可或缺的人物。

關於魚玄機的史料其實並不翔實，散見於唐人編撰的《全唐詩》、《唐才子傳》、《三水小牘》以及宋朝的《北夢瑣言》等文學作品中，各處說法還有頗多出入。除了被公認有才華，魚玄機在後人筆下還因生活作風開放受到不少道德批評。但通過這些散落的資料，可以大致拼湊出魚玄機短短二十餘年的生命經歷，從她的諸多人生剖面中，我們可以暫且拋卻後世或片面或囫圇的評述，盡力在真實的歷史語境中，還原唐朝平民女子及她們的人生。

魚玄機生卒年分均不確切，多數說法是出生於唐武宗會昌四年（八四四），卒於唐懿宗咸通十二年（八七一）。「玄機」並非其本名，在入道觀前，魚玄機名叫魚幼微。儘管出身寒門，按照《北夢瑣言》所講，魚玄機從小就「甚有才思」，《唐才子傳》形容她「性聰慧，好讀書，尤工韻調，情致繁縟」，唐末皇甫枚《三水小牘》也記載其「色既傾國，思乃入神，喜讀書屬文，尤致意於一吟一詠」。可見魚玄機在相貌和詩文功底上的出色是人所共識的。如果說有副好皮囊只是老天賞飯吃，她在文學才華上的成就則一定程度受益於教育。

〔清〕改琦，《元機詩意圖》（部分），藏於北京的故宮博物院。

有記載稱魚玄機的父親曾悉心栽培女兒，因此她五歲能誦詩，七歲會習作，很快就在周圍小有聲名。像魚玄機這樣的平民女子受教育在唐朝並不罕見，不同於其他朝代推崇「女子無才便是德」，唐代的教育風氣從貴族走向平民階級，也從男性滲透向女性。這一時期的女性教育依然延續以禮教為核心，但主流思想也提倡婦女知書明理。唐代作家李華在〈與外孫崔氏二孩書〉中寫過：「婦人亦要讀書解文字，知古今情狀。」唐朝並沒有針對女性的公共教育形式，但科舉制帶來的私學興辦大大惠及了底層民眾，女性也間接受益。不過無論貴族官宦還是平民百姓，家庭教育才是女性最主要的受教育方式。

學者高世瑜在《唐代婦女》一書中將女性所受教育分為四類：道德禮法、女紅家務、典籍文化、音律絲竹。一般的平民家庭側重前兩類教育內容，由母親教育女兒的「為婦之道」，不過有些普通家庭中會有父兄指點女性學習詩賦文章，比如魚玄機就受教於父親。由於唐朝才女頻出，不少有文化的女性也能教授子女識文斷字，且因此成為史書中的「賢母」。事實上，不僅是平民女子，唐朝不少婢女和倡優都通詩文曉書墨，足見這一時代女性受教育的相對普及。

魚玄機才情斐然，婚姻卻坎坷多舛。十五歲時，魚玄機嫁給狀元李億（字子安）做妾室，因不容於善妒的正妻裴氏，婚後不久在長安咸宜觀出家做了女道士，即女冠，並更名魚玄機。儘管魚玄機進入道觀並非自願，但女子出家做女冠在唐朝不算什麼凄慘結局，道教崇尚的自由平等與女神崇拜吸引了眾多婦女入道。這一流行從唐朝公主崇道的比例就可見一斑，據《唐會要》和《新唐書》記載，李唐王朝的兩百餘位公主中，先後有玉真、文安、永嘉等十四位公主出家做了道士，最出名的太平公主曾兩度入道，第一次是為武則天之母祈冥福，第二次則是為了規避遠嫁和親。還有不少公主入道就是為了擺脫綱常倫理管束。

對於貴族女性而言，入道後依然可以錦衣玉食，還有額外的好處在於生活可以更加自由，不受禮法拘束。除了主動選擇，更多普通女性可能與魚玄機的命運類似，因現實中的挫折而選擇入道。不論自願與否，道教的確為她們提供了逃離世俗禮教的去處，由於道教在唐朝曾被奉為國教，這也使得女冠獲得一定的社會地位。對於魚玄機這樣的才女而言，成為女冠帶來的自由恰恰成了其展現才情的途徑。

在唐朝，道觀是具備政治和社會功能的公共空間，正是在這裡，魚玄機得以結識更多的名士，與溫庭筠、李近仁、李郢、左名場等人詩詞酬酢，唱和交際。道觀不將世俗的家庭責任之累加諸女性，而提供更開放的社交空間，使女冠們得以充分開闊眼界，在與文人的交往中浸染詩書文墨。

在後世可見的魚玄機的五十首詩作中，表達相思情意和往來唱和的作品是兩個最重要的主題，並且大部分創作於入道之後。從文學價值而言，以魚玄機為代表的一批女冠詩人不僅留下了相當可觀的詩歌數量，並且表現出強烈的女性意識和開放觀念，尤其是不諱言情的表達成就了不加矯揉的真實與可愛。「憶君心似西江水，日夜東流無歇時」（〈江陵愁望寄子安〉），「願得西山無樹木，免教人作淚懸懸」（〈折楊柳〉），這些都是魚玄機的經典愛情詩句。另有數篇與道教體悟相關的詩作也獨有女性的清新靈動。

但過度恣意縱情的生活也為魚玄機招致了罵名。與丈夫李億分手後，魚玄機曾癡情等待過他接回自己，她在至少五篇詩作的文題中提及李億，但最終等到的還是被拋棄的結局。或許正是婚姻的挫折催生了魚玄機後來的不羈。《三水小牘》裡寫，她在咸宜觀外貼出「魚玄機詩文候教」，自此開始了與風流名士們「鳴琴賦詩，間以謔浪」的生活，留下不少曖昧不明的繾綣韻事。魚玄機的轉變除了與自身遭遇有關，道教不設男女之大防的觀念也影響了她的作風。這一時代的道教受到狂熱追捧，卻不像佛教有完備的規範戒律，更不壓抑人的欲望，反而認為男女之交天經地義。

因此，女冠的風流冶豔在當時是普遍現象，不僅是魚玄機，與之齊名的女冠詩人李冶、薛濤也多有相似情狀，在詩文中也直抒情愛，魚玄機就曾寫過「焚香出戶迎潘岳，不羨牽牛織女家」。儘管唐朝社會風氣開放，但由於有違於傳統禮教觀念，這使得女冠在歷史學家筆下與坊伎並舉。也許從社交活動上看，這二者都與異性過從甚密，但女冠與坊伎卻並非同一社會階層，前者也不需要仰男性鼻息生存，魚玄機就曾多次拒絕不喜歡的求愛者。

魚玄機被貼上「蕩婦」的標籤，實則是衛道士的一家之言。哪怕是唐代公主，也常常會被定性為聲名狼藉，美國漢學家陸威儀在《哈佛中國史》中評述稱：「僅僅是因為對個人自由的堅持或是所謂的放蕩生活，她們是正統歷史學家筆下所有獨立自主或者有權勢婦女的共同特徵。公主們有時出家當道姑，並被奉為道教女仙……使她們可以自由地追求自己的興趣，但也被譴責有淫蕩行為，這又是人們對獨立自主女性的刻板印象。」

魚玄機的人生走向終點，則是因為被懷疑妒殺婢女而處以極刑。她的人生拐點與終結，似乎都離不開感情糾葛。但悲劇的起點，在於魚玄機作為李億妾室的遭遇。在重視門第的唐代中，平民出身的魚玄機終究難以改變在婚姻中的卑下地位，不僅和正妻地位懸殊，甚至算不上與丈夫有正式婚姻關係。

在蓄妾成風的背景下，姬妾淪為待價而沽的商品，這是維護宗法和尊卑等級的必然——事實上，唐人也多稱「買妾」而非「娶妾」。魚玄機所代表的納妾悲劇，是這個已經算得上封建女性的黃金時代裡，依然潛藏的深深的危機。

# 域外顏色：唐朝女子時尚*

中國古代女子形象，有唐一代婦人至為雍容華貴，卻無失優雅典麗。盛中唐張萱、周昉的仕女畫勾勒出這樣的女性形象：髮髻寬大巍峨，或滿插步搖，或遍簪盛放的牡丹；五官濃重，精緻中透出疏放大氣，豐滿的面頰上常常妝點各式花鈿；身材豐腴朧麗，穿錦著羅，領口寬大低開，以至「粉胸半掩疑暗雪」。這一經典時尚大多拜胡風所賜。我們由此窺見盛中唐時期胡服風行之一斑。這一時尚自初唐時已濃烈，至盛中唐不衰，晚唐仍餘緒不絕。

*本文作者為邱忠鳴、王新。

## 遮蔽之美：首服

首服也稱「頭衣」，泛指裹頭或飾髮的巾、帽、冠等。《新唐書‧車服志》為我們勾勒出唐朝女性首服變化的面貌：「初，婦人施冪䍦以蔽身，永徽中始用帷冒，施裙及頸。……武后時帷冒益盛，中宗後乃無復冪䍦矣……至露

〔唐〕周昉，《簪花仕女圖》（局部），藏於遼寧省博物館。

髻馳騁，而帷冒亦廢。」《舊唐書．輿服志》記載：「開元初，從駕官人騎馬者，皆著胡帽，靚妝露面，無復障蔽。士庶之家，又相效仿。」

冪羅的形制，尚無可靠的實物坐實，我們唯能從文獻揣測於一端。馬縞在《中華古今注》中說「冪羅之象類今之方巾，全身障蔽，繒帛為之」，但其形制有多種：初為障蔽頭部和全身，次為蓋頭齊肩；或紗質或毛料；帽胎也有軟硬之分。冪羅之興，起自西域。西域多風沙，因此冪羅便為西域人必備之物，男女均用，約於南北朝時傳入中原，至唐初成為女子出行之服，脫去舊有功能，為一時之風尚。

永徽至開元年間盛行的帷帽為高頂大簷帽，簷下垂一絲網，施裙及頸，類似於「帷」。向達先生認為吐谷渾男子通常戴帷帽——長裙繒帽，原為遮蔽風沙之用。從冪羅至帷帽的演變可看出唐代女子首服向短、小、薄、透等轉變的特點。此外還有各式胡帽，例如珠帽、貂帽、氈帽、渾脫帽、蕃帽、卷簷帽等。

隋代女性髻式較平，至唐漸高，唐代各時期亦有變化。唐段成式《髻鬟品》記載：「高祖宮中有半翻髻、反綰髻、樂遊髻，明皇帝宮中有雙環望仙髻、回鶻髻，貴妃作愁來髻。貞元中有歸順髻，又有鬧掃妝髻……長安城中有盤桓髻、驚鵠髻，又拋家髻及倭墮髻。」其中部分髻式可與圖像材料相應。與之相配的是翻領，窄袖、寬身，衣長及地，以紅色織錦為主，領、袖鑲寬闊的織金花邊。中晚唐時袍衣趨於寬肥。

〔唐〕李震墓壁畫《舞女圖》（局部），藏於陝西昭陵博物館。

## 面妝：桃面花靨

首服之下，為面妝。「西子去時遺笑靨，謝娥行處落金鈿。」美人已杳，笑靨尚存，頗值玩味；而美麗的花鈿萎落一地的情景，不知諸君做何想像？「薄妝桃臉，滿面縱橫花靨」，古今中外的彩妝，恐怕以唐五代的女人最有膽張揚。初盛唐時期女性面妝的程序一般為：傅鉛粉、抹胭脂、畫黛眉、貼花鈿、點面靨、描斜紅、塗唇脂等。與歷代女子相比，唐代女性面妝中最具特色者，除「翠眉與暈眉」之外，還有額黃、花鈿、妝靨與斜紅等。

花鈿，在唐人文集和詩集中，多稱花子或媚子。即女性在眉心處或黏貼或描畫各種圖案。花鈿的材質有金箔、紙、魚鰓骨、鰣鱗、茶油花餅等多種，其色有紅、綠、黃等。此點孫機先生已經明言。從文獻和視覺材料來看，花鈿所貼或畫的圖案或為圓形等幾何形，或為花、鶴、蝶、星、月等自然物形，或者在實物之上再行描繪。其中在蜻蜓翅翼上畫折枝花者尤為精緻鮮活。

上述煥爛的彩妝大多有著域外的來源，有些雖為中土的創意，但在觀念上卻與西域有著脫不開的關係。

## 蹀躞金烏：女著男裝

與濃烈面妝形成很大張力的卻是唐朝女子獨愛男裝。太平公主被記載身著男裝，腰間佩戴著蹀躞七事，鏗鏘踏步、曼妙歌舞，秀麗是一定的，難得的是颯爽英氣撲面而來。大唐公主的另類，是時代的縮影，為大量的考古發現證實。

蹀躞七事，為佩於腰間革帶上的七件實用之物：佩刀、刀子、礪石、契苾真、噦厥、針筒、火石。礪石，即磨刀石；契苾真是可作雕鑿之用的楔子；噦厥，為解繩結用的錐子；針筒，用於存放各種針或者紙帛的小筒；火石，點火用的燧石。除各種實用工具之外，針筒內或可裝上護身符等，亦未可知。

蹀躞七事均為行旅或野外生存的必備用具，其功能趕超瑞士軍刀。我們不難想到這並非中原漢民族的發明，而是游牧民的常用之物，當為胡裝之一部分。而唐朝女子所著男裝的形式與觀念也多與胡俗有關，一般為頭戴皂羅帕頭，或紮布條，或露髻，身穿圓領或翻領長袍，腰束帶，下身著波斯緊口條紋褲，腳蹬線鞋或翹頭靴。

▲〔日本〕鳥毛立女屏風，藏於日本正倉院，這個屏風中的仕女面妝就是唐朝典型的桃面花靨面妝。
◀〔唐〕段簡璧墓壁畫男裝侍女圖，藏於陝西昭陵博物館。

〔唐〕段文傑摹第一三〇窟甬道南壁繪《都督夫人太原王氏禮佛圖》，藏於敦煌莫高窟。

著此種裝扮的女性也大可揚鞭馳騁、遊春射獵。這當然相左於「女正位乎內，男正位乎外」的「傳統」觀念，表現出唐代女性與其他歷史時期殊為不同的性別意識。

回眸胡服的歷史，趙武靈王推行胡服騎射，秦漢大多用於軍旅，東漢末年出了一位靈帝「好胡服、胡帳、胡床、胡坐、胡飯、胡箜篌、胡笛、胡舞，京都貴戚皆競為之」。

位於漢唐兩大帝國之間的魏晉南北朝，各民族頻繁碰撞融合，胡服日漸潛入尋常人家，百姓常著胡帽、褲褶、長靿靴等，為有唐一代的「國際時尚」埋下伏筆。唐朝的「全球風尚」可謂海納百川，處處閃耀著民族自信的光芒。

# 宗教

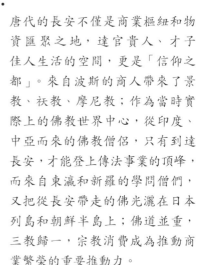

# 三教歸一的氣度：佛教、道教、景教＊

唐代的長安不僅是商業樞紐和物資匯聚之地，達官貴人、才子佳人生活的空間，更是「信仰之都」。來自波斯的商人帶來了景教、祆教、摩尼教；作為當時實際上的佛教世界中心，從印度、中亞而來的佛教僧侶，只有到達長安，才能登上傳法事業的頂峰，而來自東瀛和新羅的學問僧們，又把從長安帶走的佛光灑在日本列島和朝鮮半島上；佛道並重，三教歸一，宗教消費成為推動商業繁榮的重要推動力。

＊本文作者為馬戎戎。

## 唐朝人的「聖誕節」

一千三百多年前一個臘月的夜晚。那時，冬季的長安城，晚上通常很冷。

這天晚上，大明宮內燈光通明，充足的炭火把大殿烘烤得暖洋洋的，以至於參加宴席的客人們臉上都微微有了汗珠。宴席的主人是代宗皇帝，他端起酒杯，真誠地祝福席間的各位客人「聖誕節」快樂，並賜給他們御製名香和糕餅。客人們自然感激涕零，下跪謝恩，山呼萬歲。

七八一年，這些客人的首席代表、長安景教寺院大秦寺僧首景淨，在唐德宗敕建的《大秦景教流行中國碑》碑文中，滿懷感恩之心地寫下：「代宗文武皇帝恢張聖運，從事無為，每於降誕之辰，錫天香以告成功，頒御饌以光景眾。」

這是中國史料中，最早的關於中國人過「聖誕節」的紀錄。而這一幕，發生在一千三百多年前的唐代。而所謂的景教，就是最早來到中國的基督教。

〔唐〕高昌景教教堂壁畫，藏於德國柏林亞洲藝術博物館。

景教是西元六三五年入唐的。唐太宗李世民對這個從波斯遠道而來的宗教十分好奇。他派丞相房玄齡到長安城外去迎接他們，還親自聽主教阿羅本講道。之後，他表現出了對這個教派的欣賞。他允許阿羅本在皇家的藏書樓裡翻譯經典，還允許他進入內廷，與自己討論教義。

貞觀十二年（六三八）七月，唐太宗親自頒發了允許這種新來的宗教在大唐傳播的詔書，詔書這樣寫道：「道無常名，聖無常體。隨方設教，密濟眾生。」這十六個字，體現了唐太宗對宗教的高超理解。

事實上，來到中國的景教，就是基督教歷史上的「異端」——聶斯托里派。聶斯托里曾於四二八至四三一年任君士坦丁堡大主教，他否認基督的「神性」和「人性」是結合為一個本體的，認為應該把基督的神性和人性區分開來，基督的神性本體是依附在人性本體上的，聖母是「人母」而非「神母」。很快，聶斯托里被教廷宣判為「異端」，剝奪大主教職務，流放到了埃及。他的信徒們則被東羅馬帝國迫害，進入波斯。在那裡，他們成立了獨立的教會，自東向南，將教義帶到了印度和中國。

從此，如《大秦景教流行中國碑》中所撰寫的那樣：「明明景教，言歸我唐。」到了高宗年間，景教一度在中國發展到「法流十道，寺滿百城」的規模。大概是由於客人來自波斯，在詔書中，唐太宗將阿羅本和他帶來的教徒們稱呼為「波斯僧」。

他為阿羅本和「僧眾」建立的寺院，也被長安的居民稱呼為「波斯寺」。其實，無論是對於唐太宗，還是長安城的居民來說，阿羅本和他的同伴，不是唯一的「波斯僧」。當年，長安城裡，同樣被稱為「波斯僧」的，還有祆教徒和摩尼教徒。祆教又稱拜火教或火祆教，是中國古代對起源於波斯的瑣羅亞斯德教（**Zoroastrianism**）的稱呼。

瑣羅亞斯德教最根本的理論基石是善惡二元論：世界存在著善與惡兩大本原的對立，善本原代表著智慧、善良和創造，是光明和生命的體現；惡本原代表著愚昧、邪惡和破壞，是黑暗和死亡的體現。善與惡、光明與黑暗的對立是永恆的，它們之間的對立和鬥爭起源於「二」，最終又復歸於「二」。西元四世紀初，祆教就已通過粟特商人的途徑傳入了中國，北周的統治者為了發展與西域諸國的關係，甚至制定了「拜胡天制」，由皇帝親自參與祭拜活動。

唐高宗時代，摩尼教傳入中國，武則天曾接見了第一批來華的摩尼教徒。

摩尼教的中心思想是「二宗三際論」，二宗即光明與黑暗，三際是指世界發展的三個階段：初際、中際、後際。摩尼教認為光明與黑暗是世界的本原，光明王國光明、潔淨、和善、快樂，是美好的所在，而黑暗王國則是邪惡的化身。

摩尼教西元三世紀中葉由波斯人摩尼創立，三世紀末在本土被祆教打壓，於是沿著絲綢之路向東方傳播。摩尼年輕時曾為基督教徒，因此，教義中有明顯的基督教「末日說」影響：摩尼教認為，只要通過艱苦的「勞心救性」，人類的靈魂終將得救，回歸光明王國。那些拒絕拯救的靈魂將連同地球及黑暗物質一起，在熊熊的世界末日大火中歸於毀滅。

在古代宗教史研究領域中，景教、祆教、摩尼教被統稱為唐代的「三夷教」。「三夷教」的寺院主要集中在長安城的西北部，靠近胡商聚集的國際商品交易市場「西市」，方便各族胡人祭祀禮拜。

「每歲商胡祈福，烹豬羊，琵琶鼓笛，酣歌醉舞。」每至歲末，西市的胡人祈福活動便成為長安城內的一景。胡人們在儀式上表演「破腹出腸」西域幻術，讓大唐居民們又驚懼，又好奇。

在浙江大學東亞文化研究中心主任、博士生導師孫英剛教授看來，「三夷教」留下的正式宗教文獻非常少，少到「寫篇博士論文都不夠」。但是，「這些信仰在中國都有教堂，說明當時中國人的信仰很開放」。

## 「三教並弘」下的大唐家庭

唐玄宗年間，青城山有個道士叫劉知古。唐玄宗好丹藥，劉知古曾給唐玄宗上書〈日月玄樞論〉，確定了道家的「內丹思想」。

相比他的修為，更有趣的是他的家庭：劉知古本人入道，他的兄長學儒家經典，弟弟則奉佛，出家於武擔山靜亂寺，法號履徹。據當時的宰相張說的記載，劉知古曾在成都太清觀的靜思院將老子、孔子與釋迦牟尼共治一爐，被張說評論為：「三聖同在此堂，煥乎有意哉！達觀之一致也。」劉知古「一家三教」，同一家庭內部的不同成員可以有三種信仰，這是在信仰多元的唐代才會發生的事情。

儒釋道能共治一爐，不能不提到唐武德七年那場著名的「儒釋道辯難」。

六二四年二月的一個清晨，唐高祖李淵攜秦王李世民，出席了長安國學的「釋奠」大典。釋奠本來是國家祭祀先聖孔子的大典，但這次參加講論的，不僅有國子博士徐文遠與太學博士陸德明等大儒，還有來自佛教、道教的代表性人物：長安聖光寺沙門慧乘、普光寺沙門道岳，清虛觀道士劉進喜、李仲卿。

由於唐高祖以老子後裔自居，以道教為本宗，故辯論中的席次以道士居首，儒家居中，沙門殿後。三門的代表人物相繼升座講經，之後相互辯難，氣氛極為熱烈。

「釋奠」之前，唐高祖發布詔書，定下了「三教雖異，善歸一揆」的原則與基調，為整個大唐奠定了兼容並包的文化主旋律。由於這樣的講論時常進行，三教中人不得不兼明三教，否則無從在論戰中取勝。

「三教並弘、兼容並包是唐代的基本文化國策。」西北大學佛教研究所所長李利安說，「三教互補、會通合一的意義，就在於自此之後，三教在彼此呼應中形成了一個完整的體系，即中華傳統文化。」開元二十三年（七三五）八月初五，是唐玄宗的生日。為了慶祝生日，這一天，唐玄宗特意舉行了一次三教講論活動。在這次講論中，玄宗明確提出了「會三歸一」的主張，宰相張九齡將之解釋為「萬殊一貫，三教同歸」。

這一年，唐玄宗完成了「遍注三教」：御製《道德經注》，頒行天下；御注佛教的《金剛經》。開元十年（七二二）六月二日，唐玄宗曾御注《孝經》頒於天下，到了天寶二年（七四三）五月，他再一次御注《孝經》。

《孝經》、《金剛經》、《道德經》是儒、釋、道三教根本性的經典。唐玄宗遍注三教，表明了他對宗教的態度：尊儒、崇道、不抑佛。正是在這樣的文化國策下，唐代成為中國佛教發展史上的黃金時代，長安成為當時事實上的世界佛教中心，進而成為整個世界的「信仰之都」。

「那時，世界舞臺的中心就在大唐，所有有抱負的人都要到大唐才能發揮他的才能，博取他的名聲。來自世界各地的僧人、商旅，穿越沙漠和海峽，絡繹不絕地到中國來學習，學習完之後把這些最先進的理念傳入日本，傳入朝鮮，傳入中亞、西亞甚至更遠的地方，這實際上是一個全球化的過程。」孫英剛這樣評價。

## 大唐皇室與佛教

顯慶元年（六五六）十月，皇后武則天即將臨產，產前，她自覺身體不安，心裡十分忐忑。信仰佛教的武則天，請大師玄奘入宮祈福。玄奘答應了，他提出，如果皇后生下男孩，希望這個孩子能夠剃度出家。唐高宗許可了這個提議，十一月初五，皇子李顯出生。十二月初五，李顯滿月，玄奘親自為之剃度，高宗給這個男嬰賜號「佛光王」。

李顯就是後來的唐中宗，一直到八世紀初，玄奘去世半個世紀後，中宗還會到大慈恩寺追念他。李唐皇室推崇道教，唐高祖、唐太宗均主張「道先佛後」。然而，如果說道家更多參與了廟堂之上的國家禮儀，自西漢末年傳入中土的佛教，在唐代則完全達到了一個嶄新的高峰。

「到唐代的時候，中國佛教應該說已經達到這樣一個高度：唐代是中國歷史上佛經翻譯的最高峰，印度佛教的主要經典向中國輸入基本完成。第二個方面就是中國人對外來佛教文化的理解，經過幾百年的傳承和發展，到唐代的時候，理論體系的組建，可以說達到了歷史上空前絕後的頂峰。第三個方面，佛

〔唐〕壁畫《金佛傳》。

教的八大宗派，除了天臺宗創立於隋代之外，其他如唯識宗、三論宗、華嚴宗、禪宗、律宗、淨土宗、密宗等中國化佛教宗派，都是在唐代真正定型的。」李利安這樣評價佛教在唐代的成就，「從這個意義上來講，印度佛教的中國化在唐朝已經徹底完成了。」

「玄奘取經歸國之後，世界佛教文化版圖的中心已經實現了從印度向中國內地的轉移。」李利安說，「在唐代，佛教已經滲透到了社會生活的各個領域，成為民眾的普遍信仰，改變了中國人的思維方式，重塑了中國人的精神世界，直接影響到中國人的日常生活方式。」

「長安城是一座滲透了佛教性格的城市。」孫英剛認為，和同時期世界其他地方的城市相比，作為人類歷史上第一個人口超百萬的城市，長安是一座「佛光照耀下的城市」。長安有近兩百所寺院，僧侶在人口中所占的比重也很高。

寺院承擔了非常多的社會功能，其中最為重要的一個就是社會的公共空間。「佛教傳入中國之前，中國的城市只有兩部分：一部分是私人空間；一部分是官方機構，官府。老百姓是進不去的。佛教進來之後，按佛教的定義，眾生平等，所以不論是達官貴人還是普通老百姓都可以進到這個空間去，所以就有了公共空間，改變了城市結構，也改變了城市的生活面貌。」

寺院林立的長安，僅佛教宗派就多達十個。唐高宗時期，印度高僧阿地瞿多到慧日寺的浮圖院建立「陀羅尼普集會壇」，很多皇室成員、王公貴族都前往參加。這表明，自南北朝時期傳入中國的「密教」已經有了非常深厚的基礎。武則天本人也曾為十一面觀音造像、供奉。

《中國密教史》作者、陝西師範大學呂建福教授認為，唐代中期是漢傳密教發展的黃金時期。根據黃心川先生在《中國密教史》中所指出的，漢地密教傳播的歷史大致可分為三個時期：雜密經咒傳播時期；純密或有組織的經典傳播時期；印度坦多羅密教或晚期密教輸入時期。

唐代開元年間，「開元三大士」善無畏、金剛智、不空來華後，直接翻譯、弘傳以《大日經》和《金剛頂經》為中心的印度金剛乘體系的密教，這些密教稱為純密。

作為金剛智的弟子，不空曾翻譯《仁王護國般若波羅蜜多經》，積極地宣揚、發揮密法的護國功能。天寶五載（七四六），不空為唐玄宗祈雨成功，得賜紫衣；安史之亂中，安祿山攻入長安後，不空留在長安，和出逃的唐肅宗保持祕密聯絡，同時為唐肅宗積極修法，祈請肅宗還都。肅宗還都後，不空備受皇室禮遇。

呂建福認為，由於一方面適應了唐帝國中與君主玄宗等人復興皇室權力的需要，另一方面迎合了當時儒釋道三教正在融合的趨勢，漢傳密教得到了急劇的發展，並且形成了一個以修持密法為主的中國佛教新宗派：唐密。

八四二至八四五年，唐武宗會昌年間，發起了大規模滅佛運動，史稱「會昌法難」。之後，唐密漸衰，反而由日本僧人空海在日本發揚光大，成為今日的「東密」。而一度在大唐得以弘傳的景教、祆教、摩尼教等諸多「波斯胡教」，也在這場法難中一併凋零了。

## 回歸古典世界

從目前已知的史料來看，唐武宗滅佛的根本原因在於打擊佛教寺院的經濟勢力，但也和「佛道之爭」脫不開關係。武宗未即位時，已好道術，即位後即召道士入禁中。道士趙歸真利用武宗向道，曾對武宗說：佛教不是中國之教，應當徹底清除。

事實上，唐文宗時，寺院的經濟勢力已經成為讓皇室頭疼的事。唐文宗曾對宰相說，古時三人共食一農人，今加兵佛，一農人乃為五人所食，其中吾民尤困於佛。唐武宗更明確認為，使吾民窮困的正是佛。於是下詔廢除佛教，拆去山野招提和蘭若（私立的僧居）四萬所，還俗僧人近十萬人。

到了會昌五年（八四五），共廢寺四千六百餘所，僧尼還俗二十六萬多人，釋放奴婢十五萬人，被寺院奴役的良人五十餘萬，沒收良田數千萬頃。被釋放的奴婢，每人分田百畝，編入國家戶籍，並將寺院銅像用來鑄錢，鐵像鑄成農具，金銀像收歸國庫。會昌末年，全國兩稅戶比憲宗「元和中興」時增加了兩倍多，稅收進入安史之亂後國家最盛時期。

但是，武宗死後，宣宗即位。宣宗崇信佛教，下令恢復武宗時被廢的佛寺，並殺死道士趙歸真等。在此之後，佛教勢力又興盛起來。

在呂建福看來，「會昌滅佛」代表了封建帝王對宗教的態度邊界：「『三教合一』雖然是唐代的『基本國策』，但事實上，各方之間形成的默契是，各家各派各有分工。國家的主流意識形態依然是儒家思想。包括佛教在內的宗教，只能在你的宗教領域裡發揮作用，不能干預政治。一旦『越界』，就要加以限制甚至禁毀。」

在孫英剛看來，「會昌滅佛」標誌著唐帝國從開放進取的世界主義轉向了保守的古典主義。中國主動掉頭，回到了純粹的古典時代。

「『會昌滅佛』是中國自己放棄了對世界佛教的領導權力。在世界史的範圍內，這帶來兩個後果：一方面是日本的文化自主性加強；另外一方面，在西邊的話，伊斯蘭教大舉進入中亞，中亞的佛教國家得不到大唐的支持，很快衰落了。伊斯蘭教一直東進到中國的陝西、寧夏、甘肅。而『會昌滅佛』之後，整個中國的文化氛圍和思想氛圍都發生了變化，彌漫著一種排外的保守主義思想情緒。」

「會昌滅佛」的另外一個後果，是直接導致中國在唐以前的木構古建築蕩然無存，只有南禪寺大殿（七八二年）逃過一劫。佛光寺（八五七年）等建於「會昌滅佛」之後，而同一時期的日本，該時期的木構建築大約有十幾處，如法隆寺（六七〇年）、唐招提寺（七六〇年）、正倉院。在梁思成發現佛光寺之前，日本人曾宣稱中國沒有唐代及其以前的木構古建築，必須到奈良去看。

總的來說，唐代是中國古代史的黃金年代，唐代文明是世界主義的文明，它是一種包容、開放、多元主義、胸懷非常寬廣的文化。唐代是中國歷史上最後一個世界性帝國。在孫英剛眼中，唐代的宗教多元政策創造了這樣一個奇跡：「無論什麼樣的外來宗教，在唐代都可以和平共處，從未發生任何宗教戰爭，這在西方宗教歷史上是不可想像的。」

# 求經與傳教：玄奘、義淨和鑒真*

唐朝最著名的出使者玄奘、義淨和鑒真，既是三個「大和尚」，又在他們的留學、傳教和翻譯著書的活動中，扮演了大唐黃金時代「知識分子」的角色。

*本文作者為駁靜。

## 歸來的和尚

六四五年正月，也就是唐太宗貞觀十九年年初，長安城正在迎接一個人的回歸。

這個人是遠行印度、留學整整十九年的玄奘。他走的時候，李世民尚未

〔宋〕佚名，《玄奘負笈圖》，藏於日本東京國立博物館。

繼位，等他回來，貞觀盛世已頗具氣象，長安是另一幅面貌了。而迎接者是房玄齡，唐太宗將迎接、安置玄奘的整個項目指派給了他這個得力的左右手，特意叮囑他，一定要盛大。

如何盛大？房玄齡決定公開展示玄奘帶回來的佛經、佛像和其他重要的旅行紀念品，將它們遊行一大圈，最後都送到弘福寺收置。所以朱雀街數十里，「都人士子、內外官僚列道兩旁，瞻仰而立」，都圍擠在街面，燒香、撒花，看新鮮歸來的和尚。

一面是朱雀街的繁華熱鬧，一面是玄奘心裡頭的清冷。他沒有跟著大部隊一起英雄凱旋般巡遊，接受大眾仰望，而是獨自一人在官舍安坐。道宣的《續高僧傳》裡寫過一句，說他「獨守館宇，坐鎮清閒」，原因是

「恐陷物議」。

在玄奘回國後的各項活動中，這幕開場是「缺席的開場」，人人熱議，主角卻不在現場。不過這個選擇只是玄奘過人EQ的一次小型展示。實際上玄奘剛剛回國，並不了解局面，但他知道的是，三國的魏國就有著名的中國西行取經第一人朱士行，漢朝開始，中印兩國就有僧人互相來往，所以他這一趟出國求經不是什麼前無古人之事。

實際上也後有來者。與玄奘同時代且同獲得「三藏」稱號的，還有義淨。後者算是玄奘之後唐朝影響力第二的僧人，可與玄奘並稱為「唐朝歸國二僧」。他經海路到達印度，一去就是二十四年，回到中國時，「天子親迎」，這個規格比玄奘當年還高。

玄奘歸來當天，馱著大量印度珍寶的馬隊被圍觀、膜拜。（視覺中國供圖）

玄奘歸國後給自己的任務很明確，他要翻譯帶回來的經書。留學十九年，玄奘帶回國經書數目為六五七部，翻譯它們工作量浩大，僅憑一己之力不可能完成。比如他最看重的《瑜伽師地論》，這是玄奘出發前已在心裡列入書單的書，當他終於到達西行終點那爛陀寺，跟該寺住持戒賢法師提的第一個要求就是學習《瑜伽師地論》。

這本書的梵文原文有四萬頌，漢語譯佛經，一般會把一頌譯成四句，僅這一部，就有十六萬句，一百多萬字。六五七部經書，從何下手？玄奘借助「譯場」形式，從全國徵集網羅一大支僧侶隊伍加入翻譯班底，用優秀人才博取高效準確的翻譯成果。無疑，這需要國家協助。

但是唐太宗對玄奘的首要訴求卻不在翻譯佛經。或者說，作為支持佛學事業的交換，唐太宗急需玄奘留學十九年期間獲得的第一手「西域風土見聞」。

見聞也不是獵奇意義上的觀光見聞，除了物產和風俗，唐太宗更急於了解的是國家形勢，幅員、人口、農商貿易、語言文字，方方面面的資訊皆是珍寶。特別是，玄奘歸國當時，唐太宗正帶兵在洛陽，應對突厥侵犯。從隋末開始，突厥便興風作浪，李世民和其父高祖李淵都曾敗於他們，所以在太宗心裡，這塊心病當然是盡早除掉為好。

## 遊記作者

玄奘與唐太宗的第一次見面發生在他歸國後的第二個月。史書對一僧一帝初次會面的談話內容記載得非常詳細，讀來令人感慨之處在於，你會忍不住假設，玄奘當時倘若以外交官身分出使西域，其才能綽綽有餘。比如，原本尷尬的一件事是，玄奘出發前曾提交過出國申請，這份申請究竟有沒有交到皇帝手裡不得而知，總之沒有得到回覆，於是傳頌後世的玄奘西行，包括後來盛大的回歸，都始於「偷渡」。

紀法嚴明，偷渡固然成功，不回來也就罷了，既然要回，當然要思考「如何安全回國」的問題。所以玄奘六四三年從那爛陀寺動身，進入唐朝邊境前，在于闐國（今塔里木盆地南沿）做了一段時間的停留。停留期間他做了重要準備。他給唐朝皇帝寫了一封信，直陳自己是「冒越憲章，私往天竺」，他在信中除了簡述自己西行紀要之外，還特意解釋了自己為何到了邊境還不立刻回家。總之這是封面面俱到、無懈可擊的信。

寄出信後，玄奘在于闐一邊等待一邊講經，八個月後，唐朝的使者到了。使者帶給玄奘一封正式公文，公文大意是，法師留學多年，終於學成回來，我高興還來不及，對罪責之事隻字不提。這算是玄奘與唐太宗的第一次交手，看上去皆大歡喜。在往後的日子，太宗與玄奘這個佛教精神符號之間，還會有很多次交鋒，一位老闆和他頗有人氣的下屬之間那種機智交鋒。但截止到公文送達時，二人尚未見面。

玄奘回到長安後不久，就動身到洛陽去拜見唐太宗。在這次類似於求職面試的會面中，唐太宗劈頭就問，「師去何不相報」，意思是當年走的時候，怎麼沒向唐太宗報告一聲。如果你是玄奘，聽到這種開場白，第一反應會是什麼？在一萬種表達委屈、發洩憤怒、告大狀的可能性裡，玄奘選擇了最智慧的一個答案，他說自己當年離開時「已再三表」，但沒說將申請書交給誰了，沒有得到允許，怪不得別人，而是因為自己「誠願微淺」，誠心不夠。

西安大雁塔廣場的玄奘像。（張雷攝）

一個是殫精竭慮希望開展佛學事業的和尚，一個是志在開拓疆土的帝王，在你來我往的交談裡，兩個聰明人起碼明白一件事：他們可以達成親密合作關係。

一年後，玄奘就為唐太宗獻上了《大唐西域記》共十二卷，既寫到了他踏足過的一百一十個國家，也有他耳聞的二十八個國家。在獻書附上的奏表中，他並不謙虛，他說前人出使，「班超侯而未遠，張騫望而非博」，而他自己這本紀錄，「雖未極大千之疆，頗窮蔥外之地，皆存實錄，匪敢雕華」。「蔥」是唐朝對帕米爾高原的稱呼，「蔥外」

就是唐人心目中的西方了。

佛學大家之外，玄奘為人處世頗為圓滑。從玄奘的資料來看，他在西行路上，每至一個國家，似乎都能受到或是大法師或是國王的極大禮遇，高昌國國王甚至願與他結拜為兄弟。他的名氣到底是怎麼傳到人們耳中的？浙江大學研究東亞宗教文化的孫英剛教授認為，後人了解到的玄奘西行經歷，全是從他的《大唐西域記》裡來的，實際上並沒有第二個人能夠證實。

孫英剛舉了一個例子。《大唐西域記》中記載過一段他與印度戒日王的對話，說戒日王詢問他《秦王破陣樂》的內容。它是唐朝歌頌李世民（「秦」是李世民登基前的封號）的一首樂歌，孫英剛認為這段紀錄可存疑，可能是玄奘杜撰出來討好李世民的。

這部書，當然是在唐太宗敦促下完成的，同時也是玄奘的政治覺悟。全書記載了不少所到國家的百姓、士兵以及牲畜的數量，活脫脫一本「項目結案書」，只不過作為甲方，唐太宗在項目啟動時並沒有出經費罷了。

另一位求學僧義淨更勤奮，他傳世的《大唐西域求法高僧傳》與《南海寄歸內法傳》，是在歸國途中完成的。季羨林在自己的《佛教十六講》中，將義淨的這兩本書、玄奘的《大唐西域記》，外加東晉時代法顯的《法顯傳》，並稱為古代僧人遊記中的「三足鼎立」。

史學界也都認可這幾本書的史料價值，尤其是對印度古代史的研究。季羨林提到，印度民族不大重視歷史記述，本國人民想要認真研究本國歷史，常常需要乞靈於外國人寫的書。

玄奘這本《大唐西域記》，內容豐富翔實，當時的確填補了唐太宗對西域的求知欲。

當然，並沒有誰能說得上來，玄奘留學期間有無記日記的習慣，但玄奘回國後憑藉回憶口述出來的這本書，的確對後世尤其是印度這個國家追蹤歷史意義非凡。季羨林曾評論此書，「對地理學的貢獻達到一個前所未有的水平」。義淨的兩本書則是後繼者。

早在十九世紀，西方逐漸發現中國古代僧人的著作原來是研究歷史的巨大寶藏，開始翻譯成法語和英語。中國人愛寫史，也愛寫遊記，雖然不時有官派使者進行外事活動，但在記錄文明與地理的層面，還沒有超過玄奘和義淨兩位僧人的。

## 翻譯家

既然啟動時未出經費，那麼不妨在項目結束後給予補償。唐太宗給玄奘的補償便是全力支持他的翻譯事業。

玄奘交了《大唐西域記》這個大作業後，馬不停蹄地開始組織人手搞翻譯，這才是他心心念念要開展的大項目。四十年後的義淨，甚至在歸途就開始書案工作了。這兩位唐朝佛經的大翻譯家，在佛教文化的推廣上起著非常重要的作用。

義淨跟玄奘年紀相差三十三歲。六四五年玄奘回國時，義淨正好十歲，但已經是有三年資歷的小沙彌了。到了三十六歲那年，義淨完成了第一輪國內旅行，決定把活動範圍拓展到西域。

不同於玄奘走的絲綢之路，義淨走海路，先是在南海中的室利佛逝國和東印度的耽摩栗底國學習了將近兩年的梵語，這才繼續深入往西，到達中印度的那爛陀寺，並且在這所玄奘當年西行終點處的寺廟裡一住就是十年。

東歸返程，義淨是按原路返回的，所以又到了最初停留的室利佛逝國，這回他在這裡停留了六年。等到他最後決定回洛陽時，已經是六九五年了。武則天領著百官出城迎接，唐朝上一次如此隆重地迎接一位遊學僧歸來，恰好就是半個世紀前。

玄奘最初西行，是因為當時的佛教理論互相之間有分歧，他渴望讀到梵文原本，理清謬誤。所謂「真經」，其實就是原典。所以，從出發的時候，就注定了未來的翻譯工作。

玄奘在弘福寺工作，

敦煌莫高窟講述的唐朝佛教故事的彩色壁畫。

儼然一位專案經理，帶領二十餘名僧人統領一本接一本的佛經翻譯項目。並且這些僧人各司其職，比如大家熟悉的辯機，工作崗位就曾是「證文」，此外也有「證義」、「證梵語」的，「正字」、「潤文」的，「監護」的，分工極為明確。

玄奘採用的「譯場」並不是他原創，早在東晉時期，道安和尚就開始用這種集體合作的方法搞翻譯。到了玄奘，因為他本身雙語都精通，可以把具體工作分配下去，自己擔任總編輯，當然最重要的是制定翻譯原則，究竟是意譯還是直譯，究竟在翻譯中可以做多大程度的省略，都是玄奘在把控。

李氏王朝上下實際上對佛經翻譯工作非常支持，太宗去世、高宗繼位，都沒有影響玄奘持續熱烈地開展翻譯工作，義淨所在的武則天一朝更是佛法大興的時代。在譯場當中，除了僧侶、監護和潤文，其他通常都是官員，也就意味著是熟讀經典的飽學之士，皇帝自己有時也會出場。

玄奘幾乎是夜以繼日地工作，白天翻譯，晚上有時還會受皇帝召見。與君王談敘，是玄奘回到唐朝後的重要日常工作。玄奘一面希望權力助力自己的翻譯事業，比如請太宗給《瑜伽師地論》作序，一面又需要拒絕他提出的

「還俗輔佐」請求。

義淨的譯場，場面恐怕更大，記載中時常出現光是「潤文」就有二十餘人的情景。

後人統計玄奘回國後的十九年時間裡，翻譯的佛經達七十五部。義淨翻譯的經典數量也非常大，大約有五十萬頌。這些中文譯本，出自精通兩國語言的高僧之手，無論是語義還是文采，都使它們足以傳世，其中的一部分還會再被轉譯成其他文字，在傳播鏈條上繼續延展，充當了文化交流的重要一環。

玄奘和義淨一生的寫照，完全可以概括為：譯萬卷書，走萬里路。只不過前半生走路，後半生譯書。一個史學界並無嚴格定論的趣味點是，玄奘還在李世民要求下翻譯過《道德經》，沒錯，這回是中譯梵。這背後固然有「佛道之爭」的問題，單看唐太宗給玄奘增加的額外工作量，還是能感知到某種「大國自我認同」。「官方信仰」為道教的李氏王朝，想借助佛教的影響力，輸出一些所謂的「本土文化」。據稱，玄奘迫於壓力，終究還是譯出了梵語版的《道德經》，這本書是否傳去印度卻不得而知了。

日本奈良唐招提寺所藏《東征傳繪卷》局部，所繪場景為鑒真抵達日本時受到歡迎。（視覺中國供圖）

## 輸出者

玄奘和義淨西行，目的是學習，而鑒真主動東渡為的是「輸出」。

「鑒真前五次東渡，均以失敗告終。」這句話說起來輕巧，實際上，從被日本遣唐使普照和榮睿等人激發東渡願望後，鑒真不斷嘗試，從揚州出海不行，就轉戰至福州，乃至，海風把他們可憐的船從福州吹到了海南，越走離日本越遠。榮睿因為勞苦而離世，鑒真自己也雙目失明，然而他仍然沒有放棄東渡日本。

等鑒真再次回到揚州，回到起點，已經過去了十年。也就是說，在這十年時間裡，鑒真屢次嘗試，終究沒有成功，幾乎每回都是因為海路凶險，船在大海中漂流，能活下來已是萬幸。鑒真在與大自然抗衡的十年裡，大約只有苦笑。

到了七五三年，日本派過來的遣唐使已經到了第十批。等使者藤原清河返航，他的船終於載上了鑒真，正是這趟船，成功到了日本。寫到此處似乎應當停下來思考，為什麼行萬里路的總是僧人？

當然也有一些記錄在案的官派使者。玄奘之後，唐朝政府向印度派出過不少使者，比如梁懷璥、李義表和王玄策，後兩位曾以正使和副使的職位共同前往印度。六四七年，唐朝從摩伽陀王國的使者口中得知一種提煉蔗糖的技術，便派使者前去學習，王玄策是其中之一。這種不遠萬里學習的精神，是唐朝盛世的一個特點。玄奘回國兩年後，大量經文翻譯任務，使唐朝越發需要通曉梵文者，這是唐朝增加出使人員的另一個原因。

與此同時，唐朝這個強盛、開放的文明，就像暗夜裡的發光體，周圍的落後文明不由自主地被它吸引，想去發光地看看。當時全面落後的日本人就是這麼幹的，一撥接一撥的遣唐使進入中國，天文地理、政治制度和意識形態都在他們的學習範圍內，當然也包括佛學。

唐朝放開懷抱迎接各國使者，正是反映出它的「大國自信和優越感」。史學家普遍認為，佛教層面，中國就是日本的母國。玄奘西行回國整整一百年後，鑒真才開始他的第一次東渡計畫，那個時候，唐朝比一百年前更自信，佛教徒們也有理由認為自己所在的國家正處在佛學界的中心地位。大約正是抱著這種佛學無國界以及傳教的思想，當日本遣唐使向鑒真發出東渡邀請時，鑒真下了這個決心。

唐朝盛世那種各國「知識分子」雲集的氣氛，令人想到二十世紀初的巴黎，或者現代之美國，宛若「黃金時代」。生活在繁華都城裡自然是優渥的，一旦出行，交通仍然是巨大的問題。長途旅行不只艱辛，還意味著需要冒生命危險。

在漫長跋涉、九死一生的文化交流中，走出去的總是信仰虔誠、甘願冒險的僧人。鑒真最典型，哪怕一路都有人庇護，有官員將他奉為神明，錢財船隻用品一概不在話下，也曾總是缺少一點「天時」，風浪裡漂泊、無法靠岸。在鑒真無法抵達日本的十年間，他寫了兩首詩明志，其中一句結合他後來的凶險旅程來看，不免令人感慨：「如論惜命短，何得滿長祇。」

現代人對僧人的印象多有誤區，其中一個是，「窮得沒飯吃才會被送到寺廟當和尚」，但是不論玄奘還是義淨，他們出身都不低。玄奘甚至出身望族，但想成為正式僧人，過程繁複，最終被國家官方認可，至少需要一定文化基礎，儘管不是每位僧人都能成為大知識分子，寫出被後世認可的著作，但起碼，「僧人雲遊四方」這個既定印象是不錯的。

在《大唐西域求法高僧傳》中，義淨記錄了玄奘之後的近五十年時間裡，大約五十七名遠遊僧人的行動軌跡。除了中國僧人，也有越南和朝鮮等國的僧人。今天來看，的確也證明了中國與沿海諸國之間的文化交流網絡，就在一位一位僧人的旅途和筆記裡編織而就。

鑒真一到日本，就在日本人的要求下對流傳在當地的佛經做了校對。他雙目無法閱讀，只靠聽人逐字誦讀來指出其中錯漏。除了這些細微工作，鑒真真正重要的任務是幫助日本天皇建立起受戒儀式，在此之前，日本寺廟的宣誓都是僧侶在佛像前「自我認定」，而不是由授戒師完成。

換句話說，那時日本的僧侶系統極為混亂，訓練、受教、受戒得度，都沒有嚴格的規範。鑒真說服了日本天皇，在他初到奈良所住的東大寺，設立

日本奈良東大寺，鑒真曾在這裡設壇授戒。（張雷攝）

戒壇。他在這裡為幾位皇室成員以及四百多名沙彌授戒，還有原先受過舊戒的八十名僧人，也願意再受新戒。自此，日本受戒傳律的規則就被鑒真重新建立。

就在設計東大寺戒壇院建築群的過程中，鑒真開始像一位建築師一樣工作。這項才能是鑒真年輕時習得的。他在國內遊學時就對莊嚴的佛寺建築藝術十分上心，跟著他的授戒師道岸和尚，鑒真近距離觀察學習了長安薦福寺內小雁塔的建造過程。並不光是看和聽，真正的實踐經歷鑒真也有過多次。建築，稱得上他多於玄奘和義淨的技能點。

所以，當日本天皇將奈良城西一座親王的舊宅賜給鑒真後，他利用這座基址好好地「炫技」了一把，與弟子及工匠一起設計並建成了如今著名的唐招提寺。無論是「外部塗丹」，還是「講堂內部廣闊明朗」，複刻的不僅是唐代建築藝術風格，也試圖複刻盛唐氣勢——日本美術史上奈良時代的燦爛，鑒真和尚有重要一筆。

鑒真六十七歲抵達日本，七十六歲圓寂。堪堪十年中，在日本普及宗教教育，也涉及了書法、建築和雕塑等藝術領域。在「交流」這個理當「雙向流通」的定義裡，與若干年前的玄奘和義淨遙相呼應，為唐朝閉合了「輸出」這個重要環節。

## 參考資料


季羡林《佛教十六講》武漢：長江文藝出版社，二〇一〇。

義淨《南海寄歸內法傳校注》王邦維校注，北京：中華書局，一九九五。

傅傑《鑒真大師傳》北京：商務印書館，二〇一四。

胡風

# 天中戀明主：留學生、遣唐使與胡商*

唐代國際都市長安，當時對外國人到底開放到何種程度？

*本文作者為張星雲。

## 鴻臚寺

天寶十一載（七五二），藤原清河大使率領日本國第十一次遣唐使團從難波（今大阪）港乘船出發，五百人的隊伍用了四艘船。他們沿九州西海岸南下，經過數十日航行，駛進唐長江下游的明州（今浙江寧波）。按照唐朝慣例，明州都督府為初抵唐疆土的藤原清河們安排住宿，同時將此事立即呈報皇帝，等朝廷下達旨意後，再安排使節前往首都長安。

不久，唐玄宗的聖旨到：遣唐使藤原清河與兩位副使及判官等人獲准進入長安。大部分水手和雜役留在港口。獲准入長安的一行人隨後獲得通行證「邊牒」，憑此在揚州乘坐官船，沿大運河北上至汴州（今開封），然後西進經過洛陽，一路由各州縣公差護送，最後下榻長安城郊外的長樂驛。隨後宮廷內使引著與使團人數相等的馬前來相迎，奉酒脯慰勞，接風洗塵，再一同騎上馬由東城門春明門進入長安城。

春明門是長安的交通要道，它不僅連接東都洛陽和北都太原，也是唐的朝廷儀仗隊迎外國使臣入城的地點，此外，到地方赴任的唐官吏由此出長安城，從庫瑪丹城遠道而來的駱駝商隊和從東亞修學求法而來的留學生皆由此入城。

每當晨鼓響時，長安街巷已是人群熙攘，到了傍晚暮鼓咚咚依然車水馬龍。鬈髮高鼻、紫髯綠眼的西域胡人在西市附近向漢人售賣珍寶，而東市附近小酒館林立，店內胡姬斟酒伴舞，出入的客人卻皆是漢人。當然，往來之盛不僅限於陸路，南門外有名叫龍首渠的運河環繞，江浙的大米、南海的珍寶載船而來，桅檣林立，水上舟楫穿梭繁忙，熱鬧非凡。

通過春明門入城時，頭一次來到長安的藤原清河想必正是看到了此等繁榮景象，後來才會對王貞白的〈長安道〉一詩尤為欣賞，詩曰：「曉鼓人已行，暮鼓人未息。梯航萬國來，爭先貢金帛。」長安極盛之景可想而知。

進入皇城的藤原清河隨後入住皇城鴻臚寺的四方館。鴻臚寺下設立典客署，專管接待和歡送外國使節。天寶十二載（七五三）元旦，唐玄宗在蓬萊宮含元殿接受百官、諸蕃的朝賀，受邀參加的藤原清河將從日本帶來的貢物獻給唐玄宗，唐玄宗隨即下旨嘉獎朝貢，並回賜物品，因此如今日本正倉院仍保留著一些唐皇帝回賜的錦、綾和金銀花盤。

按照禮節，藤原清河隨後率遣唐使節在宣化殿遙拜唐玄宗，接著在麟德殿謁見天子，此時大使可提出希望和要求，一般有請必允。實際上這是一套極為標準的流程。

來長安朝見的各國使節，均由鴻臚寺負責按這套程序接待，只不過唐朝的歷代皇帝都極為重視日本使節來訪，因此往往親自過問。這也是為什麼唐朝兩百多年的歷史中，日本派遣了十九次遣唐使團總共三千多人，新羅和大食國使節團到長安的次數更多，分別為八十九次和四十一次，可如今看來，日本遣唐使在歷史記載上留下的筆墨最多。

犬上三田率遣唐使首次入唐時，是貞觀四年（六三〇），唐太宗專門派新州刺史陪送遣唐使回國。武周長安二年（七〇二），武則天曾親自設宴招待第八次遣唐使。唐玄宗更是對數次來訪的日本遣唐使團款待周到，甚至變通「禮聞來學，不聞往教」的慣例，選著名儒生前往使節寓所為他們授經。天寶二年（七四三），唐玄宗令揚州地方官向入朝日本學問僧「每年賜絹二十五匹，四季給時服」。

此後唐德宗、唐憲宗等對日本使臣都以重要賓客相待，遣唐使在唐期間一切費用皆由唐政府承擔，士大夫、僧侶也與日本使者們廣泛結交。

再回到天寶十二載，在富麗堂皇的麟德殿宴會上，遣唐使藤原清河禮節周到、儀容端正，深得玄宗賞識。宴後玄宗特令祕書監阿倍仲麻呂引藤原清河等人遍觀府庫所藏的儒釋道三教漢文典籍，遊覽長安城名勝古蹟。至此，藤原清河的遣唐使任務基本完成，而就在他準備離開長安之際，另一場告別也在長安城進行著。

▲〔唐〕閻立本，《步輦圖》，藏於北京的故宮博物院，畫幅描繪的是唐太宗李世民在宮內接見松贊干布派來的吐蕃使臣祿東贊的情景。
▼日本《東征傳繪卷》描繪的遣唐使船隻到達唐港口的景象。（視覺中國供圖）

## 國子監

那是由一群文人雅客在長安城舉辦的告別宴。席間詩人王維舉杯長歌道：「積水不可極，安知滄海東。九州何處遠，萬里若乘空。向國唯看日，歸帆但信風。鰲身映天黑，魚眼射波紅。鄉樹扶桑外，主人孤島中。別離方異域，音信若為通。」

眾人送行的是一名五十多歲的長者，此時他回贈一首：「銜命將辭國，非才忝侍臣。天中戀明主，海外憶慈親。伏奏違金闕，騑驂去玉津。蓬萊鄉路遠，若木故園林。西望懷恩日，東歸感義辰。平生一寶劍，留贈結交人。」

這首〈銜命還國作〉後來收錄在宋代編輯的詩文集《文苑英華》裡，也是《文苑英華》中唯一一首外國人的作品。這位長者正是阿倍仲麻呂，此時他要離開自己生活了三十七年的長安，回到故鄉日本。

日本遣唐使團每次入唐，隨同的還有眾多留學生和學問僧。遣唐使朝見任務結束後回日本，而留學生和學問僧則會留在唐繼續學習。下次遣唐使團來朝，按照慣例會向唐政府申請帶回已在唐學習期滿的留學生、學問僧。藤原清河離開時，唐玄宗特別准許阿倍仲麻呂歸國之請，欽命其為唐朝回訪日本使節團成員，護送藤原清河一行返回日本。

實際上「留學生」一詞就是在日本遣唐使時代創造的。為了吸取中國先進文化，日本政府定期派出遣唐使到長安，但由於遣唐使是外交使節，不能在唐停留時間過長，所以日本政府從第二次遣唐使團開始，每次會同時派來十至三十名留學生和學問僧，前者學習中國文化知識，後者研習佛教教義，終唐一代，不過兩三百人，卻對日本有著深遠影響。

如今日本京都，建築式樣幾乎與唐長安城一樣，也有「朱雀大街」和「東市」、「西市」，這些都是留學生和學問僧的功勞。開元五年（七一七），二十歲的阿倍仲麻呂第一次入唐時，就是以留學生身分隨第九次遣唐使團來到長安的，同行的留學生還有吉備真備和玄昉。

唐政府對留學生給予優待，補助日常生活費用，四季發放被服，允許他們在國子監太學、四門學等一流機構讀書。但留學生之所以不能多派，據學者胡錫年的研究，主要因為唐接受留學生的機構國子監有名額限制。

據《資治通鑑》記載，從貞觀十四年（六四〇）開始，長安國子監增築學舍並增加學員，「於是四方學者雲集京師，乃至高麗、百濟、新羅、高昌、吐蕃諸酋長亦遣子弟請入國學，聖堂講筵者至八千餘人」。

和各國留學生一樣，當時入長安求學的阿倍仲麻呂先到鴻臚寺登記註冊學籍建立檔案，再由禮部接洽入學。長安皇城城牆南邊，與太廟僅一街之隔，便是唐朝的最高學府國子監，下設六學館，以學習儒家經典為主培養通才，大部分外國貴族子弟和留學生都會進入供五品以上官僚子弟就讀的太學學習。

據王讜《唐語林》記載，「太學諸生三千員，新羅、日本諸國，皆遣子入朝受業」。在國子監學習的學生，一切學費、食宿費用均由唐政府提供，外國留學生也無例外，並與唐本土學生一起學習生活。

國子監大部分學館的修業年限為九年，九年後學生參加畢業考試。畢業考試是學生們取得科舉考試資格的一種模擬考試，監司從考試合格者中挑選出兩、三百人推薦到尚書省，與鄉貢一同接受禮部考試。順利畢業的留學生則可參加特設的「賓貢進士」科舉考試，及第者可以在唐為官。早年阿倍仲麻呂就是在太學學習了九年後，參加賓貢科舉而考中進士，得到吏部獎掖，授校書郎。

一名精通唐文化的外國人，受命於朝廷，一時被傳為佳話。唐玄宗特地召見了阿倍仲麻呂，並賜漢名「朝衡」，後來他深得賞識，多次陞遷，官至三品祕書監。酷愛詩歌的他還在長安廣交朋友，詩人王維、李白、儲光羲、趙驊等都是他的朋友。

天寶年間李白入長安為官，兩人由此結識，阿倍仲麻呂曾經送給李白一件日本裘，李白很受感動。而儲光羲對阿倍仲麻呂也十分讚賞，曾寫詩〈洛中貽朝校書衡，朝即日本人也〉相贈，儲光羲的詩名在當時也因阿倍仲麻呂而遠播於東瀛，並被供奉於日本京都的詩仙祠中。

但唐玄宗的器重後來也為阿倍仲麻呂帶來苦惱。開元二十一年（七三三），他就曾請求隨第十次遣唐使團回日本，被玄宗拒絕。待到天寶十二載藤原清河第十一次率遣唐使團入長安時，他再次上表請求回國，玄宗終准奏。

日本《延曆僧錄》還收錄了唐玄宗的贈別御詩：「日下非殊俗，天中嘉會朝。念余懷義遠，矜爾畏途遙。漲海寬秋月，歸帆駛夕飆。因驚彼君子，王化遠昭昭。」那年六月，阿倍仲麻呂隨藤原清河遣唐使團一行離開長安回日，經過揚州時探望了因五次東渡失敗而雙目失明的鑒真大師。

▲〔十二世紀〕《吉備大臣入唐繪卷》，藏於波士頓美術館，樓閣中穿黑衣者便是兩次入唐的吉備真備。（FOTOE 供圖）

◀陳凱歌電影《妖貓傳》中的空海形象。

藤原清河最終決定帶上鑑真大師共同登船東渡，怎奈船行至沖繩附近遭遇暴風，鑑真大師所乘第二船東渡成功，而藤原清河與阿倍仲麻呂所乘第一船則一路漂流到了今越南海岸。他們僥倖躲過當地土著劫殺，輾轉回到長安，又在肅宗、代宗朝任職，最後雙雙客死長安，埋骨大唐……

留學生和學問僧的更大貢獻在於將大量漢文書籍傳入日本。當年和阿倍仲麻呂共同入長安的留學生吉備真備在唐生活十七年後回國，從副校長一路陞遷至右大臣。他先後作為留學生和遣唐使，兩次從長安帶回大量漢文典籍。其中，《唐禮》對日本朝廷在禮儀上的改革影響巨大，《大衍曆經》促進了日本曆法改革，《樂書要錄》則是首次向日本介紹中國的音樂理論，為確立日本音律做出貢獻，後來這部十卷樂書在中國散佚，如今只有日本保存該書的五、六、七卷。

被譽為「入唐八大家」的學問僧們帶回日本的漢文書籍總共有兩萬卷以上。「入唐八大家」其中之一的空海，貞元二十年（八〇四）隨第十七次遣唐使來唐，在長安生活兩年後回國，帶走佛教經典二一六部四六一卷，後來他在日本創立佛教真言宗，開辦日本歷史上第一所民間綜合性學校，主持編成了日本最早的漢字辭書《篆隸萬象名義》。日本延曆年間，弘文院藏內外經書數千卷，冷泉院失火後統計保留下來的漢籍仍有一六七九〇卷。

大量回國的遣唐使、留學生和學問僧將他們學習、了解到的唐文化與典章制度傳播到各國，因此王維以「虛往實歸」四字來形容遣唐使團的收穫。但遺憾的是儘管外國使團是閻立本和閻立德等宮廷畫家筆下流行的主題，但存世畫作極少，以至如今展現各國使團的圖像資料並不多，而另一類人則成為唐代外國人的最典型形象。

## 西市

從春明門入長安城後，腳下這條橫跨東西的筆直大道不僅直達皇城的三省六部，也與東西兩市相連。兩市分別位於中軸線朱雀大街東西，分工明確，西市是唐全國外貿商品最大的聚集地，而東市是全國內銷商品最大的集中地。龍朔三年（六六三），朝廷改在大明宮聽政，朱雀大街以東成為公卿官員居住地區，西市則成為外國商賈雲集的地方，由於唐政府嚴禁百官入市，因此西市逐漸比東市熱鬧起來。

宋敏求《長安志》裡說西市的周圍住著很多來自居康、波斯、大食的商人，附近祆教、景教的寺院也不少，這裡成為長安城外國人聚居的主要地點。臺灣學者謝海平在《唐代留華外國人生活考述》中這樣形容當時的西市眾生相：

「有深為帝王禮敬、造延年藥之天竺方士，有犯禁屠宰、止雨不成之胡僧，有於昆明池畔結壇祈雨之西域僧。群蕃或於街中打球，以誘帝王注目；或追逐華人，以逐求寶之志；或對御府奏胡樂以助興；或於市場彈琵琶而爭長短。」

當時在西市經商的外國商人被統稱為「西市胡」，或者「胡商」。專門研究唐朝胡商的歷史學者葛承雍說，其實唐代所謂「胡」的概念極為廣泛，不僅用來稱呼突厥、回紇、奚、契丹等北狄，也用來稱呼今新疆各部族及粟特、波斯、大食的西域人，把印度人也叫「胡」，此外蒙古、土耳其、伊朗乃至閃族人，也都是胡人。

按照當時的情況，波斯商人多走水路，在廣州番禺港將貨物運上岸，再將貨物運至江都（今揚州）銷售，而粟特人則走陸路絲綢之路，通過駝隊將貨物運至長安，因此西市的「胡商」多指粟特人。至此高鼻深目的西域胡商成為唐代外國人的最典型形象，留在如今我們能夠見到的存世繪畫、墓葬壁畫和陶俑上。

實際上最早大批西域胡人移居唐的原因並不是貿易。貞觀四年（六三〇），唐打敗東突厥，十五萬突厥人南下歸附，入居長安的有近萬家。據《長安志》記載，當時長安、萬年兩縣人口總共八萬餘戶，而唐初僅此一次入居長安的突厥人就近萬戶，約占全城居民人數的八分之一。武周天授元年（六九〇），西突厥可汗斛瑟羅率殘部六、七萬人徙居內地，斛瑟羅死於長安，此後西域胡人入境居留絡繹不絕。

除了避難移民，利益也驅使西域胡人來到「胡姆丹」（長安城的胡名）。早在貞觀元年（六二七），唐政府便開放關禁：「使公私往來，道路無壅，緊寶交易，中外匪殊。」貞觀四年，唐太宗又下詔：「聽其商賈往來，與邊民交市。」此後絲綢之路使西域諸國的商旅源源不斷進入河西和長安，海上商船也絡繹不絕到達中國南部沿海城市。

唐對通商貿易非常重視，不僅在中亞一帶駐紮軍隊保護商旅，並且收取的商稅很低，而粟特胡商取得過關公文便可不受限制進入內地。葛承雍認為最早胡商帶來的貨物並不是茶葉，陸路艱辛，加之駝隊運輸能力有限，胡商只會帶來價值高、體積小的珠寶等奢侈品，因此《廣異記》、《宣室志》、《太平廣記》等文獻中才會有不少胡商「剖股藏珠」和「賤身貴珠」的傳說，在這些故事中胡商把自己大腿割開，將珠寶藏入腿中縫好，直至安全運送到目的地，才將珠寶從腿中取出。

實際上奢侈品成了當時絲綢之路繁榮的源泉。無論唐的城市居民，還是貴族富有階層，都對進口的高檔奢侈品有著極大的興趣，他們會把只知道唐本土事物的人看作鄉巴佬。當時從宮廷到民間，每年婦女需要使用的胭脂香粉和胡粉等化妝品用量大到驚人，而從波斯、印度輸入的鍮石工藝品則成為朝廷達官貴人追求的時髦裝飾，士大夫的鍮石袍帶成為等級身分的標誌。

甚至朝廷也「盛言胡中多諸寶物」，不時派遣或委託胡商尋覓異域奇珍異寶。此種氣氛不僅推動長安城西市金銀器、紫晶、寶骨、冰蠶絲錦、玻璃珠、象牙、寶鏡、香料藥材、貂皮裘毛等奢侈品的熱銷，也吸引了更多胡商移居長安。

唐政府也對長安許多以經商致富聞名的胡商特殊照顧，每年冬天給「蕃客」供應三個月柴薪取暖。開元二十五年（七三七），唐政府頒布專門的外國移民政策：「化外人歸朝者，所在州鎮給衣食，具狀送省奏聞，化外人於寬鄉附貫安置。」並免去移民三年至十年賦稅，這些政策都更加促成粟特、新羅、大食、波斯移民社區的形成。

此外唐政府對外國僑民在唐領土上發生的糾紛也有專門的法律規定：凡是外國人，同一國家僑民之間的案件，唐政府尊重當事人所在國的法律制度和風俗習慣，根據他們的法律風俗斷案，享有一定的自治權；而對於不同國家僑民在唐境內發生的案件，則按唐法律斷案，法律地位與漢人完全平等，沒有特別的治外法權。

這些開放政策促使胡人在唐買田買宅，娶妻生子。後來唐政府規定移民子女不可再保留外國人身分，須納入編戶齊民制，但這一政策實際執行不力。至於長安胡人人口，如今歷史學界則分為五萬說、三萬說和兩萬說。

唐政府對商業的態度始終是矛盾的。統治者既視商賈為「賤類」，以工商為末利，禁止官員入市，又極大地給予胡商方便，更依靠進口奢侈品滿足自己的物質生活享受。與此同時，胡商們則有著完全相反的財富觀，他們「好面子」，喜歡炫富。

《太平廣記》就寫道，按照「胡客法」，胡商每年舉行一次賽寶、鬥寶的大會，所有胡商皆帶上自己興販的珍寶陳列，寶物多者被擁戴坐上寶床，其餘分別排座次、定地位，坐寶床者拿出尺寸最大的明珠以鎮服四周，胡商皆起立稽首禮拜，表示敬佩。唐代畫家閻立本就創作過一幅《異園鬥寶圖》，可惜散佚了。而《安祿山事跡》也曾記載安祿山在幽州擔任范陽、平盧兩節度使時，舉辦過鬥寶大會，坐在寶床上列出自己的珍寶。

漢胡兩族財富觀的衝突在中唐以後更加明顯。西市回紇商人向漢人發放高利貸，後來由於物價上漲，許多漢商和官員將自己的土地、財產、奴隸甚至文物或傳家寶抵押給回紇人，借貸不還更致使「蓄客停滯市易」，引起嚴重的社會矛盾。胡商起訴借貸久而不還者，迫使朝廷下詔禁止長安城內蓄客胡商舉貸，也有的官僚子弟因借錢不還而被貶官。

儘管如此，胡商財富的累積還是直接推動了唐商業乃至金融業的發展。銀行的雛形「櫃坊」和原始匯票「飛錢」首先在西市興起，以適應大商人、大交易，公私「便換」出現，推動城市間商業貿易。盧肇在《逸史》中描寫有人到胡商開設的波斯邸取錢，一次性就取了兩萬貫作為周轉資金。

其實商業貿易只是胡人對唐影響的一部分，更大的影響在於文化層面，漢人追求外來物品的風氣也已經滲透到了唐社會各個層面。

## 胡風

中唐之後，京城長安胡風極盛。姚汝能在《安祿山事跡》中說，天寶年間，男人戴豹皮帽，女人則穿波斯風格的窄袖緊身服，配以百褶裙，長披巾從頸部披下來，甚至女人們的髮型和化妝同樣流行西域風格。有意思的是，當時絲綢之路上的經濟重鎮涼州以吸收外來風尚聞名，城中男女全穿胡服，而吐蕃統治下的敦煌百姓卻在保持祖國純正風俗的政策下保留著漢服。

唐朝貴族甚至開始在城市裡搭起帳篷。詩人白居易就曾在自己的庭園裡搭了兩頂天藍色的帳篷，在其中接待賓客，並向他們得意地解釋帳篷的好處，可以免受冬季寒風之苦。唐太宗的兒子李承乾同樣在皇宮的空地上搭了一頂帳

〔唐〕彩繪胡裝女立俑，藏於陝西歷史博物館，這件胡服女俑是唐代婦女崇尚胡服的真實寫照。

篷，在帳篷裡用刀割著煮熟的羊肉吃，甚至有意說胡語而不說漢語，受到朝中大臣集體抵制。

外來食品更容易流行。撒著芝麻的蒸餅和煎餅被稱為「胡餅」，在當時極受歡迎。而「千金碎香餅子」、「婆羅門輕高麵」等則使用了各種西域香料。沿著長安城東面城牆，從春明門往南走，會有一片胡人開的酒館。按照詩人岑參〈青門歌送東臺張判官〉的說法，如果長安人當時有朋友要辭別遠行，這些酒館就是為友餞行的最好去處。

在酒館裡，老闆娘會把濃妝豔抹的胡姬叫到客人身邊，讓她們把京城名酒「西市腔」、「郎官清」，甚至波斯名酒「訶梨勒」斟滿瑪瑙或琥珀杯，在宴席上與客人們周旋往來。

幸好李白當年寫下諸多詩句，讓我們如今依然有機會感受胡姬酒後映出酡紅的朱顏。「春風東來忽相過，金尊淥酒生微波。落花紛紛稍覺多，美人欲醉朱顏酡。……琴奏龍門之綠桐，玉壺美酒清若空。催絃拂柱與君飲，看朱成碧顏始紅。胡姬貌如花，當爐笑春風。笑春風，舞羅衣，君今不醉將安歸。」

從李白的詩中能看出，酒館裡還會有胡人少年吹簫伴奏，胡姬也會跳胡旋舞助興。《舊唐書．音樂志》中說胡旋舞是「舞二人，緋襖，錦領袖，綠綾渾襠褲，赤皮靴，白褲帑」，胡人少女用右足支撐起全身重量，左旋右轉，作強勁而輕盈的舞姿，「舞急轉如風」。

按照《新樂府五十篇》和《南部新書》的記載，最早會跳胡旋舞的胡旋女來到唐是作為康居國的貢品，專供皇家貴族觀賞，進貢的胡旋女隸屬長安太常寺教坊，除了在慈恩寺、青龍寺兩大公共戲場偶爾有胡旋舞演出外，庶人不易有欣賞的機會。只不過後來長安胡風越發興盛，因此大量胡姬來唐，其中跳胡旋舞的人也越發多了起來。

胡旋舞不僅女子會跳，胡人男子也會跳，《安祿山事跡》和《舊唐書》中都可以看到安祿山在唐玄宗御前「作胡旋舞」的紀事。他雖是生長在唐朝東北境的雜胡，但那裡同樣胡商往來眾多。

胡人音樂和歌舞甚至成為當時唐中期的主流品位，唐玄宗和楊貴妃就非常喜愛胡旋舞，他們最喜歡的一首歌曲也改編自中亞音樂。當然一些人對這種新觀念痛心疾首，詩人元稹寫道：「自從胡騎起煙塵，毛毳腥膻滿咸洛。女為胡婦學胡妝，伎進胡音務胡樂。」詩中他用長安的舊稱咸陽來指長安，也是在懷念滿是胡人之前的京城。
更著名的是白居易的〈胡旋女〉：「胡旋女，胡旋女，心應絃，手應鼓。

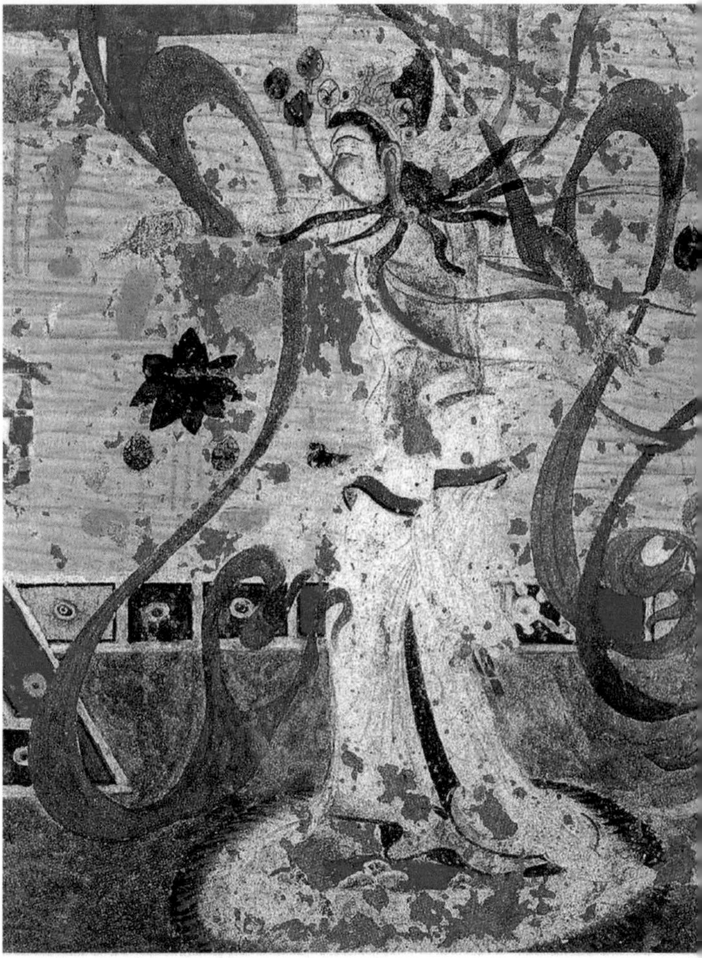
壁畫中的胡旋女形象。（視覺中國供圖）

絃鼓一聲雙袖舉，回雪飄颻轉蓬舞。……祿山胡旋迷君眼，兵過黃河疑未反。貴妃胡旋惑君心，死棄馬嵬念更深。從茲地軸天維轉，五十年來制不禁。胡旋女，莫空舞，數唱此歌悟明主。」按詩中所言，對唐最大的威脅是唐朝廷自己在邊疆的外族軍隊。

外國人在大唐為官已經成為很普遍的事情。除了在唐五十年的阿倍仲麻呂達到了安南都護的極高職位外，從中央政府到地方州縣，都有外國人或異族擔任官職。包含長安城的行政區京畿道委任的七一五人次刺史中，異族人有七十六人次，超過總人數的十分之一，其中尚不包括早已同化者。安國人安附國一家三代在唐朝做官，康國商人康謙，高麗人高仙芝、王毛仲，龜茲人白孝德，波斯人李元諒、李素，越南人姜公輔等人都在長安任過高官。

外國人當武將更多，被稱為「蕃將」。太宗時期突厥人阿史那社爾官拜左騎衛大將軍，太宗封他為駙馬都尉，武則天時波斯人阿羅憾入朝相拜，被封金城郡開國公。尤其是到了唐玄宗在位時期，軍事擴張讓唐從朝鮮至伊朗節節勝利，為了更加發揮軍隊在邊疆的作戰能力，將權交於職業軍人集中指揮，尤其是邊疆外族軍人。

開元年間，唐邊疆十大軍區，擁有三十二名蕃將。特別是在李林甫任宰相之後，邊境軍隊多在胡人節度使的管轄之下。蕃將安祿山便是在這樣的背景下不斷掌握軍權，七五五年安史之亂爆發，安祿山率部隊攻破洛陽和長安。儘管後來在藏人和回紇人的協助下新帝唐肅宗收復兩都，但長安城內人心已經發生了改變。

在安史之亂五十年後，唐人的精神生活發生了巨大轉折，民族失敗的陰影使得整個社會對過去的開放性對外政策進行反思，這才有了陳鴻〈東城老父傳〉這句質問：「今北胡與京師雜處，娶妻生子長安中，少年有胡心矣。吾子視首飾靴服之制，不與向同，得非物妖乎？」

人們認為，玄宗對外籍節度使採取過於寬容的態度，才致使帝國幾乎傾覆。從事劫掠的吐蕃人奪取皇家馬場的馬匹，並隨後在甘肅各城鎮駐紮下來，回紇人壟斷馬匹交易，從中獲取暴利，更在長安發放高利貸。

大城市中外國商人的富裕形象更引起仇外反應，這種反應在暴亂中表現得更加明顯。七六〇年田神功率領暴動隊伍，在揚州殺死幾千名阿拉伯商人和波斯商人。一個世紀後，黃巢軍於八七九年在廣州攻擊的也是外國商人。

此前，有著西域胡人血統的混血貴族長期在唐朝廷掌權，而此時通過中舉出仕的漢族文人學士則逐漸獲得權力，法國漢學家謝和耐將這一時期歸為「民族主義」回潮。「古文」運動和反佛教高壓政策隨後出現，由此人們開始維護漢的正統，這也是宋代漢文化復興的最初引線。

## 參考資料

石田幹之助《長安之春》北京：清華大學出版社，二〇一五。
愛德華．謝弗《唐代的外來文明》吳玉貴譯，北京：中國社會科學出版社，一九九五。
韓養民《遣唐使在長安》西安：陝西人民教育出版社，二〇一七。
向達《唐代長安與西域文明》北京：生活．讀書．新知三聯書店，一九五七。
謝和耐《中國社會史》耿昇譯，南京：江蘇人民出版社，一九九五。

# 正倉院唐物記*

*本文作者為鄭院鴦。

正倉院始建於八世紀後半葉，位於日本奈良市東大寺大佛殿西北面，是用來保管寺內財寶的倉庫。在奈良和平安時代，中央和地方的官廳及寺院裡，都會專門設置這樣一個放置重要物品的倉庫，稱為「正倉」。幾個正倉集中在一起被稱為「正倉院」。

奈良正倉院是世界文化遺產「古奈良的歷史遺蹟」的一部分，院中的陳列物以聖武天皇的遺物為基礎構成。這位天皇篤信佛教，特別熱愛大唐文化，渴望將當時日本的首都平城京（今奈良西郊）打造成一個如長安城般繁盛的政治、文化中心。他派遣了大量遣唐使、學問僧至中國，帶回豐富的唐朝寶物，並命人對其工藝進行仿製。他去世後，光明皇太后將他遺愛之物先後五次呈獻給東大寺並捐獻目錄。因為是皇室所屬，這些寶物的規格極高，工藝也極為精美。

除了聖武天皇舊藏之外，正倉院珍藏還包括了皇室陸續的捐贈、重臣比丘等進獻的寶物，以及亞洲各地來的寶物。其主要有三種來源：一為唐代傳入日本的中華精緻文物；二為經由中國傳入日本的西域文物；三為奈良時代日本模仿中華文物所做或所創造之物。這些收藏品數量大、種類多，包括衣物、樂器、家具、兵器、佛具等各種寶物約九千多件。寶物不能隨意開封，一直處於嚴密的保護狀態。同時，寶庫處在一個稍高的地方，地板離地面非常高，避免了濕氣侵蝕和蟲害。在這樣的環境下，極度脆弱、在其他環境下難以久藏的材質也可得到比較完好的承存。

正倉院保留了迄今為止種類最豐富、最全面且最有價值的唐朝藝術品。一九三〇年代，中國學者傅芸子曾多次進入正倉院，發出這樣的感歎：「吾嘗謂苟能置身正倉院一觀所藏各物，直不啻身在盛唐之世！」（《正倉院考古記》，上海書畫出版社，二〇一四年）

正倉院每年只在十至十一月間最乾燥涼爽的兩週內，曝晾藏品，並挑選六十件左右，由奈良國立博物館主持「正倉院展」。

## 螺鈿紫檀五絃琵琶

目前所見唯一的唐代五絃實物，編號「北倉二十九」，據記載為唐時贈予日本聖武天皇，七五六年天皇逝去，獻給奈良東大寺。五絃琵琶在宋朝就失傳了，近一千年以來人們沒見過也沒有聽過，直到正倉院的這件藏品被公之於世。

螺鈿紫檀五絃琵琶全長一〇八．五公分，腹寬三十一公分。通體採用紫檀木製成，直項，琴軫分列琴頭兩側，左三右二；琴面通身鑲嵌螺鈿，並嵌螺鈿騎駝人撫彈琵琶圖，腹面桿撥處還貼以玳瑁薄片。所謂「螺鈿」，是指用螺殼與海貝磨製成人物、花鳥、幾何圖形或文字等薄片，根據畫面需要鑲嵌在器物表面的裝飾工藝。此琵琶的背面底色是黑色髹漆，上面鑲嵌著無數螺鈿玳瑁夜光貝殼，貝殼上都雕有精巧花紋。

## 螺鈿紫檀阮咸

阮咸為中國漢代開始出現的一種直項琵琶，相傳為西晉名士阮咸擅長之器，因此唐代武則天時以「阮咸」命名，並發展為十三品位。今簡稱「阮」。

此琴長一〇〇．五公分，琴箱面徑三八．七公分，厚三．五公分，四絃十四柱。琴體用紫檀木製作，嵌以螺鈿、玳瑁、琥珀等飾物，背板上為螺鈿鑲嵌出的一對飛翔的鸚鵡，口中銜著長長的彩色珠鏈。此樂器中國現已失傳。

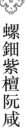

## 金銀平脱琴

此琴長一一四公分，肩寬二十公分，據日本文獻記載，入藏正倉院已逾千載，於唐開元二十三年（七三五）製作。表面呈紫色，平脫花紋，正面項部為錦紋方格，內有三人，分別作彈阮、撫琴、飲酒狀，周有樹竹及飛天，空廓處以花草、禽鳥、雲氣填補。方格之下，有纏藤一株，藤下左右各坐一人，

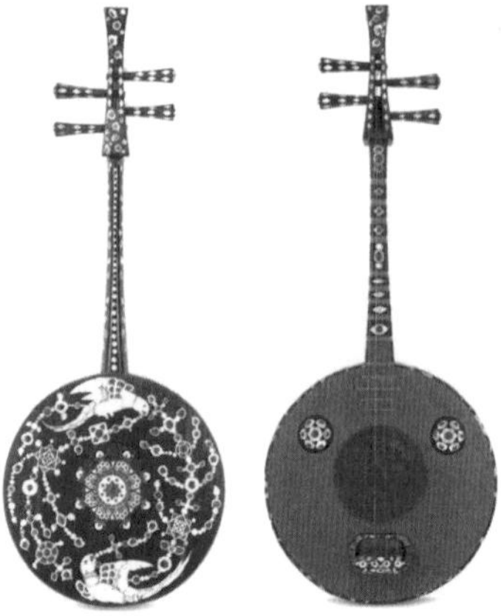

螺鈿紫檀阮咸全圖，藏於日本正倉院。

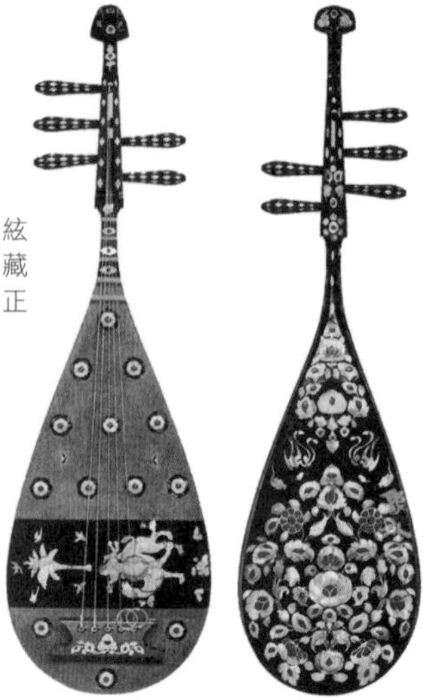

紫檀五絃琵琶，藏於日本正倉院。

一飲酒，一撫琴，均為金嵌。四徽以下，嵌水紋以及人物、花草、禽鳥。琴背面的李尤〈琴銘〉，龍池、鳳沼兩側對稱的龍鳳紋，均為銀嵌。琴腹內題「乙亥之年季春造」（西元七三五年）字樣。

這是中國的七絃琴，有中國傳統的金銀平脫工藝裝飾。金銀平脫是一種將髹漆與金屬鑲嵌相結合的工藝技術，是中國古代著名的器物裝飾技法。方法是在木器表面用金銀箔片鑲嵌成花紋圖案，再紋漆而成。此琴製作精美，紋飾細膩，古意盎然，是唐代金銀平脫器中的佼佼者。雖然文獻中說它在唐代極為興盛，但今天能看到的遺物絕少。

金銀平脱琴頭部紋樣。

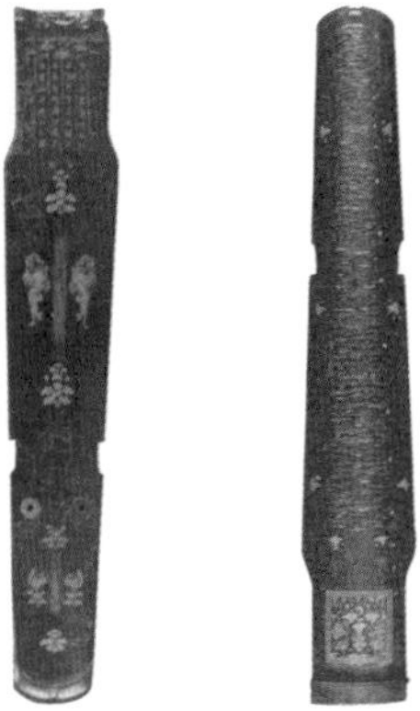

金銀平脱琴全身，藏於日本正倉院。

## 金銀鈿唐大刀（鍍金銀刀）

這件大刀收藏於正倉院北倉，全長九九・九公分（刀柄長一八・五公分，鞘長八一・五公分，刀身長七八・二公分）。一般認為這柄刀就是《東大寺獻物帳》中所記載的「金銀鈿莊唐大刀」。《東大寺獻物帳》的原文記載如下：金銀鈿莊唐大刀一口，刃長二尺六寸四分，鋒者兩刃，鮫皮把作山形，葛形裁文，鞘上末金鏤作，白皮懸，紫皮帶執。

刀鞘以黑漆為地，表面用金粉和漆製成動物紋和雲氣紋。紋飾方面最為突出的便是「金銀鈿莊」和「葛形裁文」，即刀上的金屬和寶石飾件。根據日本研究者對實物的考察，刀鞘和刀柄上的金屬飾物為銀鍍金，透雕成「唐草紋」，非常華麗。唐草紋，或稱為忍冬紋、纏枝紋，一般認為自西方傳入中國。具體到金銀鈿莊唐大刀的刀鞘上的紋飾，則更像所謂「對波紋」，即兩莖蔓草對開對合如波浪狀，相合處對生細蔓或對稱的花葉。刀鞘附耳處的金屬箍和鞘尾的金屬套上，均採用了這種對稱式的紋飾，和唐貞觀十三年（六三九）靈化寺大德智該法師碑上的對波紋十分相似。

## 紫檀棋盤

該棋盤是正倉院家具中的名品。棋局表面貼以紫檀片，嵌以象牙罫線，縱橫各十九道，又鑲嵌有精緻的花眼十七個。邊側四面各界四格，其中用染色象牙鑲嵌雉雁、獅、象、駝、鹿及胡人騎射、牽駝等形象，華麗細緻。對局之兩側設有備金環的抽屜各一，中有機關，一方啟閉，對方亦如是。內有木雕鱉龜各一，背容棋子。棋子玉質上繪有鳥形，製作精良。抽屜之下便是上沿作花牙子、下沿有托泥的壺門床座。

## 唐尺八

該刻雕尺八長四三・七公分，管上端開口，管身前面五孔後面一孔。每一按音孔邊緣有圓形花紋。製作十分精美，通體雕花紋和仕女像。第一孔上刻有二女，一者俯而摘花，一者立其後做張袖狀。後面一孔下有一女立而手執扇，另一女坐彈琵琶。其餘部分均飾以花鳥紋。

隋唐之際，日本曾屢派遣隋使和遣唐使來中國，許多中國樂器流傳東瀛。據史料記載，尺八這種樂器是南北朝末年至唐初（西元五八一～六一八年，即日本的奈良時代）傳去的，正倉院保存有唐制尺八多種。最早傳入日本的尺八僅用於宮廷雅樂，稱為「古代尺八」，也常作為達官貴人的玩物，故也叫「雅樂尺八」。

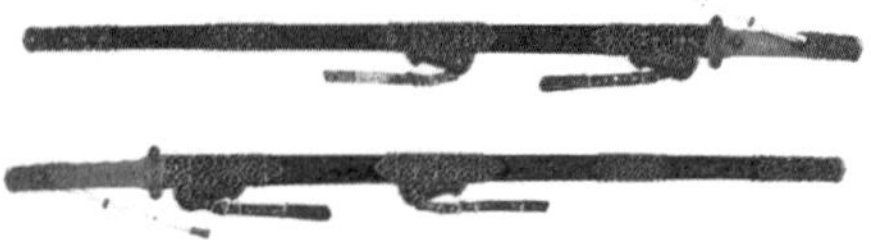

金銀鈿唐大刀，藏於日本正倉院。

唐尺八，藏於日本正倉院。

紫檀棋盤，藏於日本正倉院。

## 紫檀木畫雙陸局

紫檀木畫雙陸局，藏於中倉，一七二號，縱三〇．六公分，橫五四．五公分，高一七．八公分。「雙陸」是一種類似賭博的棋戲，南北朝時由西亞、印度一帶傳入中國。雙陸棋藝在隋唐時期非常流行。作為博具的「雙陸局」，有些像象棋盤，卻又不完全相同。此件雙陸局呈長方形，盤紫檀木，中有月牙形之「門」各一，左右列十二花眼，即所謂的梁（路數）；南北各有一花眼，均以象牙鑲嵌而成。盤架今為黃楊木質，上有花鳥紋樣，為後來所修補。

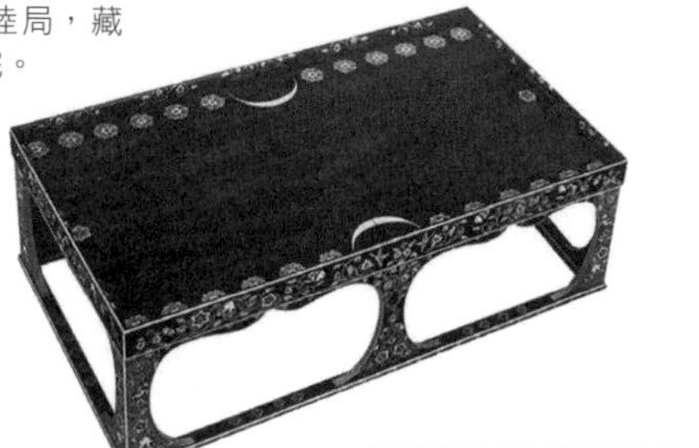

紫檀木畫雙陸局，藏於日本正倉院。

漆胡瓶，藏於日本正倉院。

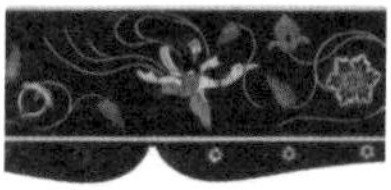

紫檀木畫雙陸局長側部分。

漆胡瓶上的鳥。

## 漆胡瓶

瓶高四一・三公分，瓶身最大徑一八・九公分，重七六〇克。口有蓋，雞形，即中國所謂天雞尊形。此瓶以竹為胎，塗漆於上，飾以銀平脫鹿雁花草諸紋樣。瓶形本出自波斯薩珊朝，傳入中國後，又美而化之。

這件漆胡瓶工藝複雜，先是用一圈一圈的薄板疊成一個波斯胡瓶的形狀，再在瓶身上粘貼許多精細的銀板，上漆、打磨。這種工藝耗時長、成本高，所做出的工藝品已屬奢侈品範圍，安史之亂後逐漸失傳。

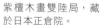

美食

# 在舌尖飛躍的味道*

*本文作者為丘濂。

穿越回唐朝，在飲食上並不會有太多不適應。為什麼這樣說？首先，唐朝人的進餐方式和我們今天比較相似。一天三頓飯的習慣，在唐代基本普及；由於民族大融合，少數民族的坐具傳入中原，逐漸取代原來跪坐的蓆子，讓人們能夠垂腿而坐，有了一個舒適的就餐姿勢；進餐習慣，也從一人一案、單獨進食的分食制，向眾人圍坐在一起的會食、合食制轉變。於是每人都品嘗到的種類也就變得多樣，吃飯的場合也更加具有熱鬧的氣氛。

唐朝是一個食材豐富的時代。憑藉進貢體系和發達的交通網絡，都城長安的帝王或貴族之家能夠常年享受來自全國的物產，山東沿海的文蛤、長江流域的糖蟹、安徽北部的糟白魚、浙江的乾生薑、陝西南部的枇杷和櫻桃等，都在當時的土貢名單之上。這還不包括那些從「國外」進口而來的食物：高昌來的馬奶葡萄，安南來的檳榔和香蕉，新羅來的松子，摩揭陀來的胡椒等異域珍饈。

唐朝的宴飲活動格外發達。按照季節和主題來，春日裡有牡丹宴和櫻桃宴；按照節慶來，有除夕宴、寒食清明宴、七夕宴；宴席除了出現在白天，還有晚上的夜宴，至於夜半都不散席。宴席可以在私人的庭院園林舉行，也可以在清幽偏僻的野外，又或者是緩緩移動的舟船之上。槳聲燈影裡，間有紅顏佐酒，是唐代士人所熱衷的一種高雅活動。

唐朝的餐飲業非常繁榮。隨著商

〔五代十國〕顧閎中（傳），《韓熙載夜宴圖》，藏於北京的故宮博物院，圖中食物仍具有唐代食物的特點。

品經濟的發展，人們在自烹自食的同時，也到外面的食肆酒店去感受新鮮。提供飲食的有流動的攤販，也有固定的餐館。有經營單一項目的餅肆、糕肆、餺飥肆，也有提供綜合菜品的食店。酒肆和茶肆則以酒和茶為主，飯菜為輔。這些餐飲店鋪在市區和城郊都有分布，慢慢打破了長安城裡最早規定的「市」的界限。

唐朝人的餐桌上都有什麼？對美食愛好者來講，從主食到甜點，各樣門類看過一遍後，你一定會有意外的收穫。

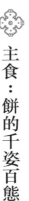

## 主食：餅的千姿百態

一天的吃食，始於早餐。如果要在長安城裡尋覓早餐，主角就應該是「餅」了。宋代筆記小說《類說》裡，講了一則關於吃餅的趣事：劉禹錫的一位伯父所住的巷子門口有個賣餅的，「早過戶必聞謳歌當爐」，也就是早晨路過時都能聽到他在唱歌。伯父看他可憐，就給了他一萬文錢，讓他好擴大經營，回報方式則是「取胡餅償之」——每天可以免費向他索要胡餅。結果之後伯父路過店鋪，再也聽不到歌聲了。對方回答：「本流既大，心計轉粗，不暇唱矣。」他說的是，本錢多了，就要多花些心思，沒時間唱歌了。這個故事裡就包含了幾個重要的信息：賣餅的一大清早就會開始營業，他所賣的餅叫作「胡餅」。

胡餅是什麼？字面上來看，它是從西域傳入的一種餅。它可以是芝麻油胡餅，在烤爐裡烤製而成，就像詩人白居易在〈寄胡餅與楊萬州〉中說「胡麻餅樣學京都，面脆油香新出爐」；它也可以是蒸熟的，皮日休在〈初夏即寄魯望〉一詩中寫「胡餅蒸甚熟」就是證明；它的面積可以是極大的，比如一九六九年在新疆吐魯番一處唐代墓葬中就發現一枚直徑十九．五公分的麵餅，推測就是當時流行的一種大型胡餅；它還可以中間夾著肉餡，《唐語林》中就記載了一種叫「古樓子」的肉餡胡餅，具體做法是「起羊肉一斤，層布於巨胡餅，隔中以椒豉，潤以酥，入爐迫之，候肉半熟食之」。

胡餅算是唐朝時十分風靡的一種餅類。日本僧人圓仁在長安學習時，記錄了唐文宗在會昌元年給寺院僧侶「胡餅、寺粥」的賞賜，並說「時行胡餅，俗家亦然」。胡餅不僅適合普通人，就連官員也禁不住誘惑——唐代筆記小說《劉賓客嘉話錄》中就說，宰相劉晏「五鼓（相當於凌晨三點到五點間）入朝，時寒，中路見賣蒸胡處，熱氣騰輝，以袍袖包裙帽底啖之，謂同列曰：美不可言，美不可言」。

胡餅也不局限於早餐，三餐都可以食用：司馬光在《資治通鑑》中寫，安史之亂時，唐玄宗逃離國都長安，「日向中，上猶未食，楊國忠自市胡餅以獻」。胡餅做得好，還能夠加官晉爵。一位叫作張桂的小販，由於經營的胡麻餅遠近聞名，後來被封為三臺令。但胡餅商人的地位還是低下，會受到豪強權貴的欺侮。宋代《太平廣記》中講，一個東平尉李麐在當官之後，返回故城，看到「店中有故人賣胡餅為業，其妻姓鄭，有美色。李目而悅之，因宿其舍。留連數日，乃以十五千轉索胡婦」。

唐代餅的概念，和今天的餅並不完全相同。學者王賽時在《唐代飲食》中講道，北朝以前「餅」是除了麵糊以外，各種成型麵食的統稱。而到了唐朝，餅則根據加工方法、形狀、有無包餡料等出現了幾十種稱謂。胡餅之外，還有蒸餅、煎餅、曼頭餅、薄葉餅、喘餅、渾沌餅、夾餅、水溲餅、截餅、燒餅、湯餅、索餅、鳴牙餅、糖脆餅、二儀餅、石敖餅等。唐代筆記小說《因話錄》因此對唐人的飲食習慣有了「世重餅啖」的總結。餅食的流行，說明了小麥已經取代粟米而成為唐朝的大宗作物。粟米就是小米，在此時，粟米變得越發小眾，是北方山村人、僧人的主要吃食，或是官員表明自己想要踐行廉政的一種象徵。

除了胡餅，湯餅也是一種主流食物，它是今天麵條的前身。索餅、水溲餅、餺飥等不同稱謂，說的都是湯餅，就是其中麵的形態不太一樣。餺飥就是麵片湯，裡面是較短較寬的麵。北朝《齊民要術》中說，「餺飥，挼（揉搓）如大指許，二寸一斷」。唐代就延續了這種做法。湯餅中配菜和湯也很重要。

唐代《食醫心鑒》中記載有薑汁索餅、羊肉索餅、黃雌雞索餅、榆白皮索餅，這些不僅美味，還有著一定的滋補效果。和湯餅相對的是一種乾拌的涼麵，唐朝時叫作「冷淘」。《唐六典》中寫光祿寺供應百官膳食：「冬月則加造湯餅……夏月加冷淘。」

杜甫有一首詩就叫作〈槐葉冷淘〉，講的是一種特殊的用槐樹葉的汁來和麵再做成涼麵的工藝。「碧鮮俱照箸，香飯兼苞蘆」——冷淘鮮豔碧綠的顏色映照著筷箸，配上新鮮的蘆筍鮮美無比。在悶熱的夏日，這青翠欲滴的顏色，以及「經齒冷於雪」的口感無疑讓人食欲大增，難怪是「君王納涼晚，此味亦時須」。

## 肉類：羊肉為大

就像今天的市面上有單一的麵館，也有綜合性餐廳，唐朝時既有專門的餅肆，也有無所不賣的食肆。成書於五代至北宋的《清異錄》中，提到了長安城裡有位「張手美家」，「水產陸販，隨需而供，每節則專賣一物，遍京輻輳」。並且有的食肆在堂食之外，還可以為客戶籌辦宴席。《唐國史補》中講一名叫吳湊的官員陞遷為京兆尹。赴任之前，吳府要為他擺宴慶賀，可是時間緊迫，只有很短的時間準備。結果親友到場，大家都對宴席豐富的菜餚感到滿意，不由好奇地問管家，何以如此神速？管家回覆：「兩市日有禮席，舉鐺釜而取之，故三五百人之饌，可立辦也。」可見食肆籌備之迅速，置辦三五百人的食物，不在話下。

在一家實力雄厚的食肆點餐，葷類「硬菜」是不能錯過的。和現在豬肉消費量最大的情況有所不同，唐朝人食用最多的是羊肉。為什麼羊肉在唐代成為大宗？按照學者惠媛所考證，秦漢時期豬肉在日常食用中還占據主要地位，到了魏晉之後，由於草原民族入主中原，情況才發生改變。

北魏統治時期，羊肉供應就逐漸成為六畜之首，《齊民要術》這本書中也介紹了不少羊肉的吃法，結合了游牧民族製作方式和漢族的飲食習慣，羊肉食用向著更精細的方向發展。

到了唐代，羊肉成為一種從皇宮貴族到普通老百姓都喜愛食用的肉類。根據《資治通鑑》記載，唐太宗的長子李承乾熱衷於突厥文化。他說得一口流利的突厥語，經常身著突厥服飾，還設計了一個穹廬狀的帳篷，在裡面用佩刀割下來烹熟的羊肉大嚼大吃。

《清異錄》中說武則天愛吃「冷修羊」，這樣的羊肉類似今天的白切羊肉，是將羊肉加香料煮熟，趁熱時去骨，將肉塊壓平，吃時再切薄片。在賜張昌宗冷修羊手札中，武則天說「珍郎殺身以奉國」，「珍郎」指的就是羊，足以見得她對羊的喜愛之情。

《同昌公主傳》中寫唐懿宗的女兒同昌公主在下嫁時，賞賜給身邊人一種叫作「靈消炙」的羊肉珍品，是從一頭羊身上取四兩肉做成的。它能「歷經暑毒，終不臭敗」，估計是用醃製、烘乾一類的製作方式。唐朝宮廷御廚每日羊肉的消費量雖然沒有準確數字，但在《冊府元龜》這本書中寫後唐小朝廷每天用羊是兩百頭，盛唐時，宮廷每日的羊肉消耗就更大了。

老百姓對於羊肉的消費雖然遠遠趕不上皇宮貴族，但從文獻中也不難看到蹤影。學者惠媛統計了《太平廣記》中羊肉出現的頻率，從吃羊、販羊、屠羊、養羊、禮事可以看出羊肉消費滲透在社會生活的方方面面。普通人沒辦法做到天天吃羊肉，不過逢年過節，或是需要慶祝的場合，羊肉都是最佳選擇。《太平廣記》就提到了小孩滿月時親族聚會就要殺羊，春節家中也會備羊。此時，吃羊肉不僅是北方人的習慣，也蔓延到了南方。《太平廣記》的另外一篇說，幾位道士在冬天下雪的夜晚，憧憬著能夠邊吃羊肉邊喝酒，「有肥羜美醞之羨」。這時一個在道觀常住的丁秀才就自告奮勇去取肉和酒。後來，丁秀才提著酒和一隻熟羊腿歸來，他告訴大家，羊腿是從一位浙江官員家的

〔唐〕陝西長安縣出土的墓室壁畫《野宴圖》，藏於陝西歷史博物館。

廚房裡獲得的。大家一開始比較驚訝，但後來飲酒歡笑，丁秀才持劍而舞，最後騰躍而去，應該是一位不拘小節的俠客，只留下一隻銀杯，頗有一些「黃鶴不知何處去」的飄逸之感。

在唐朝一座食肆裡，可以吃到哪些羊肉菜餚呢？高級食肆中，菜品的檔次並不次於達官貴人的府邸。韋巨源拜尚書僕射後，他向唐中宗進獻「燒尾宴」，記錄的有五十八道菜餚，八道是和羊肉相關的。

有意思的是，如今看來並不太能登上大雅之堂的內臟在這樣的場合都有著一席之地：「通花軟牛腸」是用羊骨髓混合羊肉調成餡料之後再灌進牛腸而成的；「羊皮花絲」則是切成一尺多長的羊胃肚絲。

在文人雅士之間十分盛行的羊肉菜是「過廳羊」。唐代筆記《雲仙雜記》中寫了一個叫熊翻的文人，每次請客時都會宰羊，接著讓賓客挑選一個自己喜歡的部位用綵帶來標記，蒸熟之後再端回廳堂各自認領。這樣的好處是，每人對羊肉部位的偏好是不同的，「我之蜜糖，彼之砒霜」。

如果是鄉野小館，大概只能吃些農家菜的做法了。《清異錄》中就有一些民間的普通做法，多是在重要日子才會準備。好比「回湯武庫」，是在冬天臘祭來臨前，家家戶戶搜集羊、豬、牛、魚、鴿、兔、鵝來做成的湯麵，其中肉類的品種越多就越好，類似臘八粥的思維。還有一種叫作「社零星」，是秋季祭祀土神時的吃食，它是用羊、雞、豬、鴨、麵粉和蔬菜做成的湯羹。唐人對肉類的利用，真是無處不可下肚，想像力豐富，操作也是蔚為大觀。

## 河鮮：生食的癡迷

唐代時，河湖中的野生魚類資源還很豐富。無論貧窮還是富有，只要居住地附近有水域，就能享受到吃魚的樂趣。唐詩裡不乏對釣魚者的描寫。「時從灞陵下，垂釣往南澗」是詩人王昌齡在講述自己的愛好；韋應物的「沃野收紅稻，長江釣白魚」是在描繪長江邊農人的日常生計；杜荀鶴的「渠將底物為香餌，一度抬竿一個魚」則著力刻畫了一位垂釣的高手。人們對魚是否鮮活十分看重，所以吳融的詩裡有「魚買罾頭活，酒沽船上香」的寫法，買魚一定要買漁網剛打上來還活蹦亂跳的。魚肉的鮮美人所共知，否則劉禹錫也不會發出「湖魚香勝肉」的感歎。

唐人吃魚，有一種「鱠」的吃法。「鱠」是指把魚肉切成細絲。這種切細的魚肉多作為生食。今天人們吃生魚片大多去日本料理的店舖，卻不一定知道吃生魚片在中國可追溯到周朝。出土的青銅器「兮甲盤」上的銘文記載，周宣王五年（前八二三），周師大敗獫狁，為了慶祝勝利，大將尹吉甫設宴款待部屬張仲等，主菜是「炰鱉膾鯉」，也就是燒甲魚和生魚片（鯉魚）。唐朝時，生食魚鱠變得極其風靡。如今廣東的順德等地，仍然有非常類似的食用方法。

得到一條新鮮的淡水魚，唐人首先會考慮能不能做成魚鱠。唐代的烹飪書《膳夫經手錄》中將適合做鱠的魚進行排序：「鱠莫先於鯽魚，鯿、魴、鯛、鱸次之。」鯽魚的鮮美人所共知，只是刺多，完整食用不方便，倒是切成細絲的同時能夠挑盡魚刺。杜甫的詩句，「鮮鯽銀絲鱠，香芹碧澗羹」就是在吟詠鯽魚做成的魚鱠了。

鯉魚不見這本烹飪書提到，大概是因為鯉魚在唐代是禁止食用的。唐代筆記小說《酉陽雜俎》中解釋，這是因為「鯉」和唐朝國姓的「李」同音，所以要求唐朝子民「取得鯉魚即且放，仍不得吃，號赤鯶公，賣者杖六十」。不過從唐朝的詩歌中來看，這項律令並沒有得到貫徹。白居易寫「朝盤鱠紅鯉，夜燭舞青娥」，唐彥謙寫「春盤擘紫蝦，冰鯉斫銀鱠」，錢起寫「帶經臨府吏，鱠鯉待鄉人」，統統是在記錄鱠鯉給他們留下的深刻印象。

「鱠」十分講究刀工。唐人著有《砍鱠書》，後來失傳，但能從明朝人對這本書的轉述中窺見一二。光是刀法，「有小晃白、大晃白、舞梨花、柳葉縷、對翻蛺蝶、千丈線等名，大都稱其運刃之勢與所砍細薄之妙也」。又因為是生吃，蘸料就顯得重要。《砍鱠書》提到了用「豉醯」，大約是醬油和醋的一種混合。

白居易的《和微之詩》則說「魚鱠芥醬調，水葵鹽豉絮」。另外的《食醫心鑒》說「鯽魚作鱠，蒜齏食之」，也就是要用到搗碎的蒜末。南方人則比較偏向甜口。《隋唐佳話》所引《南部煙花錄》記載：「南人魚鱠，以細縷金橙拌之，號為金齏玉鱠。」

我曾經在順德吃過一次皖魚（草魚）的生魚片。經過了歲月的演變，搭配的調料已經非常多樣，總共有八種：花生油、醬油、芝麻、鹽、炸花生、炸香芋絲、檸檬葉、蔥絲、蒜片、薑絲、酸蕎頭和指天椒。它們與生魚片搭配在一起，雪白翠綠橙紅相間，煞是好看。

唐代有不少癡迷於吃魚鱠的人。《太平廣記》裡有一個叫崔潔的人，「遇逢賣魚甚鮮」，便讓隨從取錢買魚，一次就買了鮮魚十斤。還有一位句容縣佐史，大肚能吃，尤其喜歡新鮮魚鱠，一次就能吃魚鱠數十斤。

但是，生魚吃多了，難免身體會出現不適症狀。《酉陽雜俎》中講了這樣一個故事：裴胄尚書的兒子忽然生病，其他醫生都束手無策。有一個叫作王彥伯的道士診斷的結果是「中無鰓鯉魚之毒也」。裴胄不相信，讓身邊的人去吃無鰓鯉魚片出的生魚，果然都出現了和兒子同樣的症狀。而將魚烹飪之後再食用就降低了不少風險。《砍鱠書》還介紹了一種「潑沸之法」，大意是另外準備調好味道的滾燙湯汁，將它澆在薄如蟬翼的魚鱠之上，這樣魚肉瞬間就被燙熟了。

魚鱠在曬乾後，還能做成一種乾的魚肉絲。等到吃的時候，再將它放在水中浸泡，假如方法得當，與新鮮魚鱠的樣貌和口感區別不大。《太平廣記》中寫吳郡獻松江鱸鱠六瓶，裡面的鱸魚是「八九月霜下之時，收鱸魚三尺以下者」製成的。「浸漬訖，布裹瀝水盡，散置盤內。取香柔花葉，相間細切，和鱠撥，令調勻。霜後鱸魚，肉白如雪，不腥，所謂金齏玉鱠，東南之佳味也。紫花碧葉，間以素鱠，亦鮮潔可觀。」有了這種乾鱠，無論居住是否臨近江河湖海，便都能有口福嘗鮮了。

## 蔬菜：不斷擴大的品類

要在唐朝找一盤番茄炒雞蛋，或是酸辣馬鈴薯絲之類今天普通的家常素菜都絕無可能。番茄、辣椒和馬鈴薯大約都是明朝時才傳進中國，而「炒」

這種烹飪方式在唐代要麼還沒存在，要麼即使有也不算普遍。學者于賡哲分析，北魏《齊民要術》裡出現的「炒」字，除了兩處可以做「炒」來解釋，其他都是「熬」的意思，所以多半唐朝時有「炒」也是一種頗為小眾的加工方法。這也和要用到的油相關——植物油在那時還主要用於照明和製作器物。唐朝時的烹飪手段，還是以蒸、煮、熬和烤為主。

不要因此就斷定唐代的素菜乏善可陳。正如白居易的詩「旦暮兩蔬食，日中一閒眠」所描繪的，穀物與蔬菜結合的一餐，構成了唐代普通人日常的飲食結構。蔬菜可以來自自家菜園，那些山水田園詩中就不乏這樣的場景記錄：杜甫寫「畦蔬繞茅屋，自足媚盤餐」，高適寫「耕地桑柘間，地肥菜常熟」，都是自家菜園景色的寫照。蔬菜當然還能來自市集。白居易的「曉日提竹籃，家僮買春蔬」就是家裡僕人清晨去市集買菜的樣子。

唐玄宗最為寵信的宦官高力士在流放黔中時，行至巫州，看見路邊薺菜多而無人採摘，還做詩感歎：「兩京作斤賣，五溪無人采。夷夏雖頹殊，氣味終不改。」這樣的材料就從側面說明，在長安和洛陽的菜市上，都有薺菜賣。蔬菜的種類不僅涉及種植的蔬菜，還有野菜。唐代醫學家孫思邈在《備急千金藥方》的〈菜蔬〉篇，列出的食用蔬菜超過了四十種。

較早引入的蔬菜到了唐代，已經得到廣泛種植。紫皮茄子原產於印度，在唐朝之前就已經盛行開來，尤其為寺院僧侶所喜愛。《酉陽雜俎》記載，「茄子煮熟者，食之厚腸胃……僧人多炙之，甚美」。

更多的異域蔬菜在唐朝時得到引進，今天依然和我們的飲食生活密不可分。菠菜就是其中一種。《新唐書》記載：「（貞觀）二十一年，泥婆羅遣使入獻波稜、酢菜、渾提蔥。」波稜就是菠菜。相傳唐朝穆宗時候的宰相段文昌愛鑽研吃喝，他的家廚也廚藝了得，有個「膳祖」的美名。膳祖創造的一道「翡翠凍雞」就要用到菠菜汁來上色——先將雞整隻煮熟再放入井水裡冷卻，脫骨取肉。再將羊蹄、豬骨等含有膠質的食材拿來燉湯，混入菠菜汁再和雞肉拌在一起，放入方盤。待到冷卻，就可以切成任意形狀上桌。

有的蔬菜在唐朝非常常見，但現在已經難覓蹤影。比如像是「葵」。由《詩經・豳風・七月》中有「亨（烹）葵及菽」，可知西周時「葵」就已經種植。唐朝時，人們將它大面積種植，稱之為「園葵」。杜甫的詩「水煙通徑草，秋露接園葵」，以及李白的詩「野酌勸芳酒，園蔬烹露葵」說的都是它。葵是一種葵屬錦葵科的植物，春、秋、冬三個季節都能夠種植。從在唐詩中的出現頻率來看，人們鍾愛的是秋天的葵菜，稱作「秋葵」或者「露葵」。

白居易的詩云：「貧廚何所有，炊稻烹秋葵。紅粒香復軟，綠英滑且肥。」此秋葵非彼秋葵，它並不是今天通常所說的黃秋葵長出來的長長尖尖的蒴果，而是具有寬大的葉片，因為莖葉有黏液的緣故，是種滑嫩的口感，當時會用於湯羹中。到了明代，李時珍在《本草綱目》中說到葵，就已經是：「今人不復食之，亦無種者。」今天在四川、湖北等地偶爾還能見到這種菜，叫作「冬莧菜」。

## 甜食：走向精緻的甜意

甜蜜的滋味總能讓生活的幸福感提升，它不用多，卻是生活的必備。唐朝人享受甜蜜有這樣幾個渠道。首先是蜂蜜，據說此時有了一種從氐羌傳來的高級蜂蜜；再有就是穀物製成的「麥芽糖」，不過唐人並不認為是上乘，至少各地上貢名單上沒有。造成這樣情形的重要原因就是蔗糖開始受到追捧了。

甘蔗直接咀嚼或者搾汁，就可以得到甜美的飲料；甘蔗汁曬乾，再混入牛乳，則能做成固體狀的「石蜜」，有時它還會被做成各種小動物的造型；甘蔗汁還能提煉來做一種顆粒較小的「砂糖」，但是和今天雪白的結晶質的砂糖相去甚遠，因為當時的人還沒掌握從沸液中有效去除渣滓的工藝。甘蔗能夠在四川中部、湖北北部和浙江沿海區域種植，對自然環境有所挑剔，產量不算大。唐太宗曾經把二十根甘蔗當作珍貴的禮物，贈送給一位大臣。因此能吃到蔗糖所調味的食物，還是一種難得的體驗。

宋朝人寫的《楊太真外傳》中有一個細節寫唐玄宗如何思念已經不在人間的楊貴妃：「張皇后進櫻桃、蔗漿，聖皇並不食。」蔗漿是晾曬與熬製後更為濃縮的甘蔗汁。由此可知，春天櫻桃上市時，用濃稠的甘蔗汁澆在上面，是一種慣常的搭配。櫻桃上還可以再澆乳酪。《齊民要術》裡講到三種奶酪製品：分別是「甜酪」、「酢酪」和「乾酪」。

學者孟暉考證，北朝、唐宋時代文字中提到的酪，多是甜酪，是半固態、凝凍狀的，類似於現在優格的質地。可以想像，以乳酪、蔗漿來拌上櫻桃，酸甜而冰涼，奶製品的豐腴濃香與水果的鮮甜多汁相結合，有多麼美好。這種吃法一直綿延到宋元。辛棄疾的〈菩薩蠻・坐中賦櫻桃〉說：「香浮乳酪玻璃碗，年年醉裡嘗新慣。」這糖酪澆櫻桃有雪白和瑩紅交織襯托，配以玻璃碗更加適合邊吃邊欣賞了。

唐人製作甜點還講求造型。「燒尾宴」的食單上有一道甜點叫作「巨勝奴」。「巨勝」是胡麻的一種，也就是今天的黑芝麻。這個奇怪的名字，後世注解為「酥蜜寒具」。《齊民要術》關於寒具的解釋，是種油炸的麵食，在寒食節期間食用，因而得名。「酥」是前面所說的「酪」煎煉後的產物。它大致的製作過程，是用麵粉混合水、牛羊的乳汁和蜂蜜，或者用熬煮的紅棗湯來代替蜜汁，再進行油炸定型，最後撒上芝麻。學者張金貞推測，它很像今日北方的炸饊子。「寒具嚼著，驚動十里人」，這是寒具入口時的酥脆效果。

「酥」這種奶製品冷卻之後也方便雕琢成各種形狀，有點像西點店裡形形色色的奶油製品。「燒尾宴」上另有一道叫作「玉露團」的甜點，旁邊標注「雕酥」，就是把乳酪凍定型之後再做雕刻和彩繪。唐代有一種現代冰淇淋的雛形，叫作「酥山」——它是把冰塊鑿碎，再將液體狀態的「酥」淋在碎冰上，上面還可以插一些花草之類的裝飾品。章懷太子墓出土的壁畫仕女圖中，關於仕女手中捧著的盆景究竟是什麼東西一直有爭議。陝西歷史博物館的專家認為那就是用植物裝飾了的「酥山」，用來夏天消暑。

「燒尾宴」的另外一道甜點，名叫「賜緋含香粽」。緋，就是紅顏色，有尊貴之意。《舊唐書》中有關於百官服飾的規定：「三品以上服紫，五品以上服緋。」所謂「賜緋」，也就是皇帝對不夠資格服緋的官員以特別的恩賜，以示表彰。張金貞提到，「唐玄宗把骰子上的四點飾以朱色曰賜緋，粽子被賜緋也就不足以為奇了」。今天陝西有種蜂蜜涼粽，裡面不含任何餡料，是光潔瑩白的一枚，吃的時候灑上琥珀色的蜂蜜、桂花糖，還可增加少許玫瑰花瓣。

〔唐〕房陵公主墓中出土的壁畫《托果盤侍女圖》，藏於陝西歷史博物館。

這大概就是當年「賜緋含香粽」的面貌。

要論甜點的精緻程度，虢國夫人府中的透花糍憑藉著朦朧含蓄的美感可拔得頭籌。它由一位名為鄧連的家廚所創製。根據《雲仙雜記》記載，透花糍的外皮是選用「炊之甑香」的吳興米，餡料則是「食之齒醉」的白馬豆，去掉豆皮，搗成細沙，放置在模具中，做出花朵的形狀。透花糍得名於花朵形的豆餡在半透明的表皮下，若隱若現的效果。

唐朝的食物，不光滿足人們舌尖上的需求，還要帶來審美的視覺愉悅，因為它本身已經超越了飽腹的需求，是想像力的飛躍。

## 參考資料

張金貞《另類唐朝：用食物解析歷史》杭州：浙江大學出版社，二〇一八。

薛愛華《撒馬爾罕的金桃》吳玉貴譯，北京：社會科學文獻出版社，二〇一六。

王賽時《唐代飲食》濟南：齊魯書社，二〇〇三。

盛唐美學課：七種主題，教你做個唐朝文化人 / 蒲實 , 丘濂編著 . -- 初版 . -- 臺北市 : 時報文化出版企業股份有限公司 , 2021.08

288 面；14.8×21 公分 . -- ( 知識叢書 ; 1104)

ISBN 978-957-13-8555-6( 平裝 )

1. 唐代 2. 文化史

634 109022293

---



ISBN 978-957-13-8555-6
Printed in Taiwan

知識叢書 1104

**盛唐美學課：七種主題，教你做個唐朝文化人**

---

**編著** 蒲實、丘濂｜**主編** 羅珊珊｜**責任編輯** 蔡佩錦｜**校對** 蔡榮吉 蔡佩錦｜**內頁設計排版** SHRTING WU｜**封面設計** 倪旻鋒｜**行銷企劃** 吳儒芳｜**總編輯** 胡金倫｜**董事長** 趙政岷｜**出版者** 時報文化出版企業股份有限公司 108019 台北市和平西路三段 240 號四樓 **發行專線**—(02)2306-6842 **讀者服務專線**—0800-231-705．(02)2304-7103 **讀者服務傳真**—(02)2304-6858 **郵撥**—19344724 時報文化出版公司 **信箱**—10899 台北華江橋郵局第九九信箱 **思潮線臉書**—https://www.facebook.com/trendage **時報悅讀網**—http://www.readingtimes.com.tw｜**法律顧問** 理律法律事務所 陳長文律師、李念祖律師｜**印刷** 金漾印刷有限公司｜**初版一刷** 2021 年 8 月 20 日｜**定價** 新台幣 450 元｜缺頁或破損的書，請寄回更換

時報文化出版公司成立於 1975 年，並於 1999 年股票上櫃公開發行，
於 2008 年脫離中時集團非屬旺中，以「尊重智慧與創意的文化事業」為信念。